联欢庆祝活动组织策划

《"四特"教育系列丛书》编委会　编著

吉林出版集团股份有限公司
全国百佳图书出版单位

图书在版编目 (CIP) 数据

联欢庆祝活动组织策划／《"四特"教育系列丛书》编
委会编著 . 一长春：吉林出版集团股份有限公司，2012.4

（"四特"教育系列丛书／庄文中等主编 . 学校文化建
设与文娱活动策划组织）

ISBN 978-7-5463-8601-0

Ⅰ . ①联… Ⅱ . ①四… Ⅲ . ①庆祝活动－青年读物②庆祝
活动－少年读物 Ⅳ . ① G241.3-49

中国版本图书馆 CIP 数据核字（2012）第 042025 号

联欢庆祝活动组织策划
LIANHUAN QINGZHU HUODONG ZUZHI CEHUA

出 版 人	吴 强	
责任编辑	朱子玉 杨 帆	
开 本	690mm × 960mm 1/16	
字 数	250 千字	
印 张	13	
版 次	2012 年 4 月第 1 版	
印 次	2023 年 2 月第 3 次印刷	

出 版	吉林出版集团股份有限公司
发 行	吉林音像出版社有限责任公司
地 址	长春市南关区福祉大路 5788 号
电 话	0431-81629667
印 刷	三河市燕春印务有限公司

ISBN 978-7-5463-8601-0　　　　　定价：39.80 元

前　言

学校教育是个人一生中所受教育最重要的组成部分,个人在学校里接受计划性的指导,系统地学习文化知识、社会规范、道德准则和价值观念。学校教育从某种意义上讲,决定着个人社会化的水平和性质,是个体社会化的重要基地。知识经济时代要求社会尊师重教,学校教育越来越受重视,在社会中起到举足轻重的作用。

"'四特'教育系列丛书"以"特定对象、特别对待、特殊方法、特例分析"为宗旨,立足学校教育与管理,理论结合实践,集多位教育界专家、学者,以及一线校长、老师的教育成果与经验于一体,围绕困扰学校、领导、教师、学生的教育难题,集思广益,多方借鉴,力求全面彻底解决。

本辑为"'四特'教育系列丛书"之《学校文化建设与文娱活动策划组织》。

校园文化是学校本身形成和发展的物质文化和精神文化的总和。由于学校是教育人、培养人的社区,因而校园文化一般取其精神文化之含义。即学校共同成员在学校发展过程中,逐步形成的包括学校最高目标、价值观、校风、传统习惯、行为规范和规章制度在内的精神总和。

良好的校园文化环境是学生积极参与和悉心建设的结晶,也是实现素质教育、造就优秀人才的一个不可或缺的重要条件。因此,加强学校文化阵地的建设与组织活动策划是一项非常系统性的工程。学校文化阵地建设是学校文化的重要窗口,学校文化组织的策划则是学校实施素质教育和精神文明建设的重要组成部分,这两样都是学生成长成才的内在需要,更是推进学校教育工作的重要载体。

文化娱乐活动是文化体育娱乐活动的简称,其娱乐性、趣味性、知识性和多元化结合的特点是广大读者学习之外追求的一种健康生活情趣。

学校的文化娱乐活动项目包括音乐、美术、舞蹈、文学、语言、曲艺、戏剧、表演、游艺等多方面内容,广大青少年学生在课余时间通过参加多种形式的文化娱乐活动,能够达到开阔视野、陶冶情操、增长才智、提高能力、沟通人际、适应社会,以及改善知识结构、掌握实用技能等效果。在这些文化娱乐活动中,他们通过接受不同形式、不同内容的有益教育,能够受到潜移默化的作用,从而提高思想、文化和身体的综合素质,这对造就和培养有理想、有道德、有纪律、有文化、适应时代腾飞的新一代人才有着十分重要的作用。

为了适应青少年发展的需要,营造良好的校园文化环境,为校园文化娱乐活动的组织策划提供良好的指导,我们特地编辑了这套书从学校的实际情况出发,以育人为根本目标,坚持先进文化的方向,从音乐、绘画、表演、游艺等方面重点对学生的基础知识和操作能力进行训练,努力使他们在娱乐中学到知识,在欢笑中陶冶情趣,并组织系统的训练和比赛,使他们的智力得到开发、知识结构得到改善,最终达到新课标要求的培养高素质的合格人才的目标。

本辑共20分册,具体内容如下:

1.《学校文化建设与管理创新》

校园文化重在建设,它包括物质文化建设、精神文化建设和制度文化建设,这三个方面建设的全面、协调的发展,将为学校树立起完整的文化形象。加强学校文化阵地的建设与组织活动策划是一项非常系统性的工程。本书对学校文化建设的组织管理与创新策划进行了系统而深入的阐述，体例科学，内容全面，具有很强的系统性、实用性、实践性和指导性。

2.《把图书馆打造成传播知识的圣地》

加强学校图书馆建设，对激发学生学习的积极性及提高学生的整体素质有着重要的作用与意义。本书对学校图书馆的建设与管理进行了系统而深入的阐述，体例科学，内容全面，具有很强的系统性、实用性、实践性和指导性。

3.《环境与安全文化建设》

校园安全文化是校园文化的重要组成部分，学校安全文化建设水平已成为学校核心竞争力的基本内容之一。所谓校园安全文化，是指将学校安全理念和安全价值观表现在决策者和管理者的态度及行为中，落实在学校的管理制度中，将安全管理融入学校整个管理的实践中，将安全法规、制度落实在决策者、管理者和师生的行为方式中，将安全标准落实在教育教学过程中，由此构成一个良好的安全建设氛围。通过安全文化建设，影响学校各级管理人员和师生的安全自觉性，以文化的力量保障学校财产安全和师生人身安全。学校安全文化有四个层次：安全观念文化、安全行为文化、安全制度文化和安全物质文化。它们相互作用，相互促进。

4.《把学校建设成传播文化的阵地》

作为中国特色社会主义文化阵地重要组成部分的学校，在中华文化面临挑战和发展的机遇之际，应该承担时代赋予的使命，通过教育创新，传承文明，创造先进文化，培养和谐发展的高素质创新人才来促进社会的发展，实现中华民族的伟大复兴。本书对学校文化阵地的建设与管理进行了系统而深入的阐述，体例科学，内容全面，具有很强的系统性、实用性、实践性和指导性。

5.《知识类活动组织策划》

文化知识类活动课是一门全新的课程，就其根本意义来说是为了提高学生的素质，而要做到这一点，必须对文化知识类活动课加强有效的科学管理。尽管各科活动课教学目标是有弹性、较为宽泛的，但总的教育目标应十分明确，那就是有利于学生主体精神的体现；有利于对学生的分析问题和解决问题能力的培养；有利于成功提高学生的自我认识；有利于学生个性的发展，管理工作不能偏离这一目标。本书对学校知识类活动的组织策划进行了系统而深入的阐述，体例科学，内容全面，具有很强的系统性、实用性、实践性和指导性。

6.《科普活动组织策划》

科技教育是拓展学生知识面的重要平台，是培养学生自主创新的首要手段，在学生成长过程中已显现出越来越大的不可替代的作用，而学校重视科技教育，则可以让教师和学生在校园里都能有自己的发展空间。如果能够切实的从以上各个环节落实科学实践活动的开展，就可以在全校掀起一股学科学、做科学、用科学的热潮，使学生的科学素养得到普遍提高，在落实普及科学的目标的同时也提升了学校科学教育的质量。本书对学校科普活动的组织策划进行了系统而深入的阐述，体例科学，内容全面，具有很强的系统性、实用性、实践性和指导性。

7.《收藏活动组织策划》

中国文化艺术几千年源远流长的历史，也凝聚着文艺收藏的风云沧桑。社会文明的整体进步，在促进文艺创作繁荣的同时，也推动了文艺收藏的蓬勃发展。收藏可以陶冶情操、修身养性，它要求收藏者具备理性的经济头脑的同时，还要有很好的艺术修养。收藏者在收藏的过程中，潜移默化地将自己培养成理性和感性相结合的人。本书对学校收藏活动的组织策划进行了系统而深入的阐述，体例科学，内容全面，具有很强的系统性、实用性、实践性和指导性。

8.《联欢庆祝活动组织策划》

联欢活动是指单位内部或单位之间组织的联谊性质的文娱活动。通常是为了共同庆贺某一重大事件，或者在某一节日、某一重大活动完毕之后举行。联欢活动一般以聚会的形式进行，所以又称联欢晚会。本书对学校联欢活动的组织策划进行了系统而深入的阐述，体例科学，内容全面，具有很强的系统性、实用性、实践性和指导性。

9.《行为文化活动组织策划》

行为文化是指人们在生活、工作之中所贡献的、有价值的，促进文明、文化及人类社会发展的经验及创造性活动。本书对学校行为文化活动的组织策划进行了系统而深入的阐述，体例科学，内容全面，具有很强的系统性、实用性、实践性和指导性。

10.《文娱演出活动组织策划》

演出是指演出单位或个人在特定的时间、特定的环境下所举办的文艺表演活动。由于演出经过长期的发展与各地的差异，目前主要包括电影展演、音乐剧、实景演出、演唱会、音乐会、话剧、歌舞剧、戏曲、综艺、魔术、马戏、舞蹈、民间戏剧、民俗文化等种类。本书对学校娱乐体育活动的组织策划进行了系统而深入的阐述，体例科学，内容全面，具有很强的系统性、实用性、实践性和指导性。

11.《音乐项目活动组织策划》

音乐是一种抒发感情、寄托感情的艺术，它以生动活泼的感性形式，表现高尚的审美理想、审美观念和审美情趣。音乐在给人以美的享受的同时，能提高人的审美能力，净化人的灵魂，陶冶情操，提高审美情趣，树立崇高的理想。本书对学校音乐项目活动的组织策划进行了系统而深入的阐述，体例科学，内容全面，具有很强的系统性、实用性、实践性和指导性。

12.《美术项目活动组织策划》

美术作为美育的主要手段和途径，它的主要任务不仅仅是传授美术知识，也不仅仅是加强美术技能的训练，而是帮助学生内心达到审美状态，良好心理得到培养和发展，不良心理受到疗治和矫正，使各种心理功能趋于和谐，各种潜能协调发展，最后达到提高人的生存价值，体验与实现美好人生的目的。本书对学校美术项目活动的组织策划进行了系统而深入的阐述，体例科学，内容全面，具有很强的系统性、实用性、实践性和指导性。

13.《舞蹈项目活动组织策划》

舞蹈能够促进少年儿童的生长发育，改善少年儿童的形体，带来艺术气质和形体美，有利于提高少年儿童的生理机能，提高少年儿童的身体素质，促进少年儿童的心理健康发展，还能够培养少年儿童的人格魅力。本书对学校舞蹈项目活动的组织策划进行了系统而深入的阐述，体例科学，内容全面，具有很强的系统性、实用性、实践性和指导性。

14.《器乐项目活动组织策划》

贝多芬曾说："音乐应当使人类的精神爆发出火花""音乐比一切智慧、哲学有更高的启示。"作为素质教育的民乐教学，更突出地将学生的全面发展放在首要的位置，使之形成具有显著办校特色的办学指导思想，为学校的全面发展做出了贡献，取得了满意的效果。本书对学校器乐项目活动的组织策划进行了系统而深入的阐述，体例科学，内容全面，具有很强的系统性、实用性、实践性和指导性。

15.《语言项目活动组织策划》

加强学校文化阵地的建设与组织活动策划是一项非常系统性的工程。学校文化阵地建设是学校文化的重要窗口，学校文化组织的策划则是学校实施素质教育和精神文明建设的重要组成部分。本书对学校语言项目活动的组织策划进行了系统而深入的阐述，体例科学，内容全面，具有很强的系统性、实用性、实践性和指导性。

16.《曲艺项目活动组织策划》

曲艺是中华民族各种"说唱艺术"的统称，它是由民间口头文学和歌唱艺术经过长期发展演变形成的一种独特的艺术形式。曲艺演员必须具备坚实的说功、唱功、做功和高超的横仿力，演员只有具备了这些技巧，才能将人物形象刻画得维妙维肖，使事件的叙述引人入胜，从而博得听众的赞赏。本书对学校曲艺项目活动的组织策划进行了系统而深入的阐述，体例科学，内容全面，具有很强的系统性、实用性、实践性和指导性。

17.《戏剧项目活动组织策划》

戏剧的表演形式多种多样，常见的包括话剧、歌剧、舞剧、音乐剧、木偶戏等，是由演员扮演角色在舞台上当众表演故事情节的一种综合艺术。戏剧情节、歌唱和舞蹈这三者的复杂结合，使中国戏曲具有独特的风格和一系列艺术特点。本书对学校戏剧项目活动的组织策划进行了系统而深入的阐述，体例科学，内容全面，具有很强的系统性、实用性、实践性和指导性。

18.《表演项目活动组织策划》

表演指演奏乐曲、上演剧本、朗诵诗词等直接或者借助技术设备以声音、表情、动作公开再现作品。加强学校文化阵地的建设与组织活动策划是一项非常系统性的工程。本书对学校表演项目活动的组织策划进行了系统而深入的阐述，体例科学，内容全面，具有很强的系统性、实用性、实践性和指导性。

19.《棋牌项目活动组织策划》

棋牌是对棋类和牌类娱乐项目的总称，包括中国象棋、围棋、国际象棋、蒙古象棋、五子棋、跳棋、国际跳棋（已列入首届世界智力运动会项目）、军棋、桥牌、扑克、麻将等诸多传统或新兴娱乐项目。棋牌是十分有趣味的娱乐活动，但不可过度沉迷于其中。本书对学校棋牌项目活动的组织策划进行了系统而深入的阐述，体例科学，内容全面，具有很强的系统性、实用性、实践性和指导性。

20.《游艺项目活动组织策划》

游艺是一种闲暇适意的生活调剂。其中，既有节令性游乐活动，也有充满竞技色彩的对抗性活动，更多的则是不受时间、地点、条件制约的随意方便的自娱自乐活动。其中，有的继承性极强，规则较严格；有的则是无拘无束的即兴自娱；有的干脆是一种与生产紧密结合的小型采集和捕捉活动。这些丰富多彩的民间游艺活动使得广大劳动人民特别是青少年无论在精神生活、智力开发还是身体素质诸方面得到了有益的充实和锻炼，也成为最普及的农村文化活动形式。本书对学校游艺项目活动的组织策划进行了系统而深入的阐述，体例科学，内容全面，具有很强的系统性、实用性、实践性和指导性。

由于时间、经验的关系，本书在编写等方面难免存在不足和疏漏之处，衷心希望各界读者、一线教师及教育界人士批评指正。

编者

目　录

第一章

学校节庆活动的理论指导

1. 学校节庆活动的组织实施

节庆日文化是校园文化建设的重要组成部分，是构建人文和谐校园的载体。学校开展节庆纪念日主题教育活动，发挥传统节日和重要纪念日的教育作用，可以弘扬民族精神，是打造和谐发展的学校文化的重要举措。

节庆纪念日，尤其是传统节庆日是中华民族悠久的历史文化的一个重要组成部分。传统节日和重大纪念日体现的是一种文化、一种内涵、一种精神寄托，是民族生存和发展的重要载体。因此，学校应针对不同节日的特点，采用不同形式的、丰富多彩的活动，对学生进行各方面的教育，具体可从以下几个方面入手。

调查探究，了解节日内涵

探究是每个孩子的天性，探究的形式更容易激发学生学习的意愿。因此，学校应着重围绕节庆日组织学生开展探究活动，进行小调查。并通过个别采访、上网查找资料等方式完成探究活动，挖掘节庆纪念日教育的内涵，使学生对感恩教育有更深刻的认识和了解。

比如，在世界勤俭日，学校各中队都应组织学生开展课题调查，通过采访、聊天的形式，了解自己与父母童年时在衣食住行等方面的区别，如"如何过生日""如何过年""一年添置多少衣服、玩具"等。使学生在与长辈的聊天过程中，通过比较感受过去的孩子艰苦的生活、学习条件。然后，在个人探究的基础上，写作课题报告，找一找自己身上有哪些浪费的坏习惯。最后，教师要引导学生珍惜来之不易的美好生活，并学会为父母做力所能及的小事，用感恩的言行回报父母。

又如，在教师节学校可引导学生开展"采访教师的一天，感受教师的辛劳"小课题调查，采访教师的日常生活，包括"每天几点起床，几点睡觉""每天要批阅多少本作业""每天上几堂课"等。探究活动能够使学生感受教师忙碌的一天，明白教师的用心良苦，进而化为感恩教师的具体行动，如亲手做感恩卡等。学校可以利用板报、橱窗等教育学生热爱教师、尊重教师，体会教师的一份苦心。在探究的基础上，使学生进一步了解节日的内涵，明确节日的意义。

体验活动，心灵感悟

如果说调查探究具有自行感悟的优势，那么体验则是学生直接受教育的一种有效形式。因此，在节庆日来临之际，学校还可以设计体验活动，通过简单的体验环节，让学生有更直观、更真切的体会，使学生的情感得到进一步升华，使节庆日行动得到进一步落实。这种实践体验方式也更易赢得学生的青睐。

例如，清明祭扫英烈是有效的情感教育时机，学校可开展以"缅怀革命先贤，继承先烈遗志"为主题的纪念革命烈士活动，带领学生参观烈士生平事迹陈列馆，观看革命先烈的遗物和资料，听解说员介绍革命先烈的丰功伟绩，使学生身临其境，感受先烈的伟大，激发践行爱国誓言的豪情，让师生在活动中接受爱国主义精神的洗礼。

又如，在中秋节，学校可以邀请家长参加"共叙中秋情话"的主题教育活动，让学生和家长说一句感谢的话语、举行"全家福"照片班级展和"爱在中秋"征文比赛等活动，使学生的情感得到升华，使体验活动收到一定的教育效果。

榜样教育，深化节庆纪念日的文化理念

榜样的教育力量是无穷的，学校应根据学生善于模仿、好胜心强的特点，利用推选"阳光少年""校园之星""优秀少先队员"等激励机制，树立身边的好榜样，倡导新风尚，促使学生模仿榜样的行为，认同榜样的思想道德，期望自身形成榜样的优秀品德，形成自我教育，深化节庆纪念日的教育导向。

可学习的榜样有很多，如历史事实中的榜样、文艺作品中所描写的人物形象，但学校可以更多地挖掘现实生活中的榜样，这样的教育更真实、有可参照性。例如，在学雷锋日，学校可通过广播向学生宣传社会上的活雷锋事迹，然后引导队员挖掘身边的感恩小故事，开展"我心目中的小雷锋"评选活动，使学生感受到雷锋精神无处不在。

除此之外，学校还应将节庆日教育与感恩教育结合起来，在"感恩五月"的母亲节活动中，开展主题班会，鼓励学生主动帮助父母做家务，向父母说感恩的话等，加强对学生的感恩教育。主题活动能够使学生了解父母的辛苦，懂得父母的无私和伟大，让学生真正理解父母，同时也让学生受到了一次中华民族"孝父母、尊长辈"的传统美德的熏陶。

以创建绿色校园为契机，发挥环境纪念日的作用

学校还应利用世界环境日、植树节、世界水日等具有环境教

育意义的纪念日，在全校开展各种形式的环保教育活动，不断加强师生的环保理念，营造浓郁的环保氛围，创造一个整洁舒适的学习生活场所，使学校师生的环保意识得到增强。有效的宣传活动、富有人性化的护绿标语能够丰富学校的创绿内涵。学校应营造一个人人参与创建绿色家园、绿色校园，呵护地球家园，构建生态安全与环境友好型社会的良好风气。

在这些环境节日里，各班还可以召开主题班会，积极争创"文明星中队"，让队员在活动过程中提升对节庆纪念日的理解，外化为自己的实际行动，实现节庆文化教育的激励作用。

家校社区合作，拓展教育空间

在学校节庆日教育活动中，学校教育的对象除了校园里的教师、学生，更多的是家长。因此，学校应将节庆日教育活动延伸到家庭、社区，在节庆日开展红领巾进社区活动，为学生搭建用实践回报社会的舞台，拓宽教育的渠道。许多活动的教育者，不仅仅局限在教师身上，也可以是家长、社区相关人员等，使节庆日教育效果也不仅仅局限在校园，更辐射到了整个社会。在端午节、重阳节、劳动节，学校都可以开展一些公益活动，如帮社居委义务宣传、为孤寡老人打扫卫生……与社区居委建立良好的合作互动平台，以形成一个践行节庆日教育的大课堂。

2. 学校庆"六一"活动指导方案

为加强和改进学生思想道德建设，帮助学生牢记父母的养育之恩、教师的教诲之恩和社会的关爱之情，增强他们的爱心和社会责任感，提高学生思想道德素养，创建文明校园，学校决定在"六一"儿童节到来之际，开展"感恩教育校园行"活动，具体实施方案如下：

活动时间

①5月24日活动课，各班级到政教处报少先队新入队队员名单，抽取演出顺序并将节目名称、串词、演出形式、演员名单、演出人数电子版发送至学校少先队"六一"文件夹，请注明班级。

②5月27日和28日中午12：30于阶梯教室开始演出。5月27日一年级、二年级演出。5月28日三年级、四年级、五年级演出。为确保演出过程紧凑、顺利，各班必须于演出前将伴奏交给负责音响的教师。

③6月1日，先举行少先队入队仪式，随后正式进行汇报演出，地点另行通知。

参加人员

小学部全体师生。

具体事项

①举行别开生面的入队仪式，使每位新入队的少先队员感受到自己的光荣，记住这个难忘的"六一"。

②节目以"知感恩、明责任"为主题。

③演出人员由各班自定。

④每个中队推选一个节目参赛，每个节目的时间在2～6分钟。

⑤各中队自备伴奏带。

⑥评分标准：（满分 *10* 分，保留两位小数）

伴奏带效果好，无杂音；（1分）

演员服装统一、美观，贴合表演内容；（2分）

选材有新意，贴近生活，富有时代感；（1分）

表演自然、表情真切，动作优美、整齐；（5分）

道具美观、精致。（1分）

⑦评比办法：各级部将分别评出一、二、三等奖。每级部一等奖、二等奖参加"六一"汇报演出。

3. 学校庆"五四"活动指导方案

为了弘扬"五四"精神，对学生进行革命传统教育，展现学校学生的歌唱能力，让学生过一个有意义的节日，结合学校实际，特举办"庆'五四'唱红歌"的赛歌活动，具体方案如下：

活动主题

弘扬五四精神，接受革命传统教育。

具体要求

①制订活动方案、评分标准，确定活动目标及要求。

②节目准备：*4* 月 *15* 日下午第四节课召开筹备会，各班准备节目，节目形式为合唱革命歌曲，各班于 *4* 月 *20* 日前将节目送交负责教师。

③*4* 月 *20* 日上午课间操时，各班班主任、班长到教务处分年级抽签确定演出顺序，编排打印节目单。

④策划组负责安排整个演出流程，完成节目之间的串词撰写工作。

⑤各班的伴奏用 U 盘下载后交政教处教师，由政教处教师按节目顺序统一下载到电脑中。

评委职责

①认真学习本次演出活动评分标准。

②按时参加演出评分工作。

③客观、公平、公正地为每一个节目评分。

④现场统计分数，现场公布分数，演出结束时及时为活动组委会提供得分结果。

宣传组职责

①设计安排悬挂演出现场需用的标语、横幅。

②准备获奖班级的奖状。

③负责摄像、录像。

安全保卫组职责

①布置演出场地，提供音响设备，确保音响畅通。

②划分各班学生就座的区域，维持演出时的秩序、纪律。

③演出期间禁止学生上下教学楼，不准学生随意进出及打球。

④演出结束后，组织学生有序进入教学楼，确保不出任何安全事故。

后勤组职责

①提供演出期间所需的电源及需购置的音响设备。

②负责筹办演出和颁奖时所用的物品。

③为评委组提供茶水。

演出时间

4月30日下午2：00。

演出地点

实验中学操场。

活动奖励

七、八年级各设一、二、三等奖各*1*名（以评委现场打分为准）。

4. 学校"教师节"活动指导方案

金秋的九月，原本是平凡的日子，却有着丰富的内涵和五彩缤纷的色彩！"*9月10日*"这个普通的日子，正是因为您——人类灵魂的工程师，变得伟大而神圣！

指导思想

通过教师节的各项庆祝活动，表彰、宣传先进教师先进事迹，把教师节庆祝活动转化为弘扬、学习优秀教师先进事迹的过程，转化为进一步提升教师师德、在全校营造尊师重教良好氛围的过程，进而激励广大教师敬业爱岗，为人师表。使"和谐、快乐、成功"的办学理念根植于心，使全校教职工上下一心，为全面推进我校在义务教育均衡发展中做更大的贡献。

活动主题

建和谐校园，喜迎教师节。

活动时间

9 月 10 日—9 月 11 日。

活动负责部门

党支部、工会、政教处、团队部、信息中心、总务处。

学生活动步骤

（1）"爱生"篇

全体中队辅导员于 *9 月 10 日*下午班会课时间，围绕中央电视台《开学第一课》的内容，开展感恩主题队会，带领学生感受各种爱的力量，引导学生学会知足、学会感恩。

（2）"尊师"篇

学生利用课余时间，准备好给教师的一份礼物，必须是 DIY 作品，于 *9 月 10 日*教师节当天送给自己最喜爱的教师。

校大队部组织 *9 月 10 日*早上在校门口的迎师活动，主题为"老师，愿徐徐清风带去我的关怀！"

*9 月 11 日*下午召开全校教职工大会暨优秀教师表彰会。校大队部派出学生代表为教师节献诗。

教师活动步骤

*9 月 11 日*下午召开庆祝第 × 届教师节表彰暨联欢会。

13：30—14：30 退休教师茶话会（教工之家）。

14：30—15：30 表彰大会：

①学生代表献词；

②校长致词；

③宣读关于表彰优秀集体、优秀个人的决定；

④颁奖；

⑤教师代表发言。

15：30—16：30联欢活动。（详见节目单）

16：30—17：00前往"丰收日"。

17：00聚餐。

前期准备工作

（1）学生活动

①团队召开全体辅导员工作会议，布置开展感恩教育主题队会的任务，并做好标准队会仪式的指导。

②团队召开班长例会，布置学生准备一份礼物、班委召开形式多样的庆祝活动等工作。

③团队组织好鼓号队、礼仪队、门勤组的前期培训。

④团队组织学生准备献诗歌。

⑤德育部门组织班主任做好活动期间的学生安全、学生活动的辅导并进行活动期间的组织协调。

⑥信息中心于9月11日队会课前核实好各班电脑及音响是否可用，并于班会课时间进行拍照。另在9月10日早上6：50前保证校门口大电子屏幕上显示如下字样："热烈庆祝第××个教师节！各位老师辛苦了，节日快乐！全体学生敬上。"

⑦后勤组于9月9日前准备好彩带、小气球（颜色多样）等，并保证9月9日下班前门口礼仪桌的布置完好（要求有相当于6张课桌大小的礼仪台，并铺上台布）。

（2）教师活动

①召开工会委员组室长会议，明确教师节活动时间、任务等事项及分工情况。

②组室宣传动员，组织上报教师节的相关节目。

③表彰内容及节目汇总，有序编排，制作 PPT，并布置好会场。

④通知全体退休教职工，全程参与活动。

⑤全体退休教职工为节目打分，准备好打分的笔和表格。作为文明组室考核依据之一。

⑥安排好酒店、席位等事项。

本次趣味活动的开展，浓厚了教师节氛围，加强了教职工之间的交流，增强了教职工的凝聚力，让广大教职工感受到了团结、协作的魅力和身心放松的愉悦，有利于广大教职工以饱满的精神面貌投入教育教学工作。

5．学校清明节活动指导方案

活动主题

缅怀革命先烈，弘扬民族精神，争做高素质的当代中学生。

活动目的

①告诫新时代的学生勿忘国耻，在和平时期仍应弘扬和继承老一辈革命家和先烈舍己为国的精神。

②增强学生爱祖国，爱人民，刻苦学习，立志成才，报效祖国的信念与决心，同时使学生融入集体，培养互相协作的能力，共同进步。

③此次活动使学生更加了解党团的历史、指导思想和宗旨，

激发学生的入团积极性，进一步端正学生的入团动机，争取让更多的优秀学生加入中国共青团。

活动要求

①按时集合，不可迟到。

②集体活动，安全第一。

③保护环境，举止文明。

④团结友爱，相互帮助。

⑤遵守队伍纪律，不得擅自离开队伍。

清明扫墓程序

总指挥出副校长担任。

参加人员由学生处主任、学生处副主任、科研室主任、保卫科科长、团委书记和电教老师组成。

①献花篮。（默哀一分钟）

②入团仪式、团委书记发表团委决议。

③老团员给新团员佩带团徽。

④宣誓。

⑤新团员代表、老团员代表和学生代表发言。

⑥学校领导讲话。

⑦向烈士献花。

游艺活动

拔河比赛。（保持卫生，捡拾垃圾）

全部活动结束，整顿队列，安全返校。

注意事项

①穿着整洁，行为大方。

②不准在烈士纪念碑下嬉戏打闹。

③要以崇敬的心情参加活动，了解烈士事迹。

④讲卫生，不准在烈士陵园里乱吃零食，乱丢垃圾。

⑤不要乱跑，不破坏绿荫草地。

6. 学校植树节活动指导方案

活动目的

以3月份植树节为契机，在全体教师和学生中开展形式多样的护绿行动和植物种植实践体验活动，做到人人参与，宣传与实际行动相结合，从而使学生在活动中体验成功的喜悦，增加对植物生长的了解，增强环保意识、生态意识，以达到为班级、学校、社会增添绿色，净化、美化环境的目的。

行动口号

行动起来，争做护绿小使者。

活动时间

3月2日—3月16日。

活动内容

（1）植物节宣传活动

①全校学生自编环保主题手抄报一份，3月11日各班上交1～2份手抄报，大队部将评选优秀作品，在宣传窗内展出。

②学校在3月9日国旗下讲话中向全体教师和学生发出号召：人人参与植树节护绿、养绿系列活动，为美化、净化环境尽一

份力。

③各班出一期"绿色环保"的主题板报，3月10日评比。

④我给小树写写诗：结合植树节各项活动，各班组织学生写几首儿童诗，班主任精选2～3篇，于3月16日前上传至"德育处—少先队—××××第二学期—植树节（童诗）"文件夹内，大队部将评选出优秀作品，予以表彰。

（2）环保护绿活动

组织护绿小队，认养校内绿化植物，开展捡垃圾、落叶，养护绿化等活动。

①在各班认养区域内清理杂物。

②给本班小树除除草、松松土、浇浇水、修修枝。（各班请自备工具）

③我和小树留个影：在护绿活动中，学生可以拍一些本班同学养护小树的过程，最后还可以与小树合影。

活动时间：3月12日大课间，如天气异常则顺延。

（3）"绿意角"的设计评比

植树节前期，在自愿的原则下，学生可以和家长共养一盆绿色植物。3月16日将其拿到班里，教师、学生可以利用这些植物充分发挥想象力和创造力，将教室装扮成绿意盎然、充满生机的环境。

（4）评比时间

3月19日中午12：20

7. 学校读书节活动指导方案

指导思想

为扎实推进书香校园建设，积极贯彻教育委员会的文件精神，结合学校实际，决定举办"我读书、我精彩，我们读书、世界精彩"读书活动。

活动时间

1月1日—6月30日。

活动主题

我读书、我精彩，我们读书、世界精彩。

活动步骤

（1）第一阶段活动策戈（*12月1日—12月30日*）。

①确定读书月活动方案。

②组织安排"'××年读书月'活动倡议书"、"*2010*年读书月致学生家长的一封信"活动。

③在学校网站发布××××读书月主页。发布读书月相关文件资料，及时交流信息经验。

（2）第二阶段组织实施（*1月1日—6月30日*）。

①举办读书月启动仪式，营造创建书香校园的浓厚氛围。

②开展有特色的读书月活动。

刊出一期"我读书、我精彩，我们读书、世界精彩"主题黑板报（班主任负责落实）；继续组织学生参加"红色之旅爱国主义读书"征文比赛（教研组负责落实）、"古诗词诵读比赛"（班主任负责落实）、"好书伴我成长演讲比赛"（教导处负责落实）、"最佳书签设计比赛"（教研组负责落实）、"让世界更精彩"征文比赛（教导处负责落实）等活动。

（3）第三阶段：总结表彰

按组织单位（村校以校为单位、中心校以班为单位）分中段、高段并评出优秀组织奖。

活动要求

①各班主任要充分认识读书宣传工作的重要性，做好刊物的宣传征订工作，注意工作的方式方法。

②要高度重视，把本次活动作为推进"书香校园"建设的重要工作来抓。

③各班级要认真编制读书月活动方案，开展有特色的读书活动，做好相关资料的收集、整理、上报工作。

④在校园悬挂读书月标语。例如：我读书、我精彩，我们读书、世界精彩；阅读文化经典，建设书香校园；多读书、好读书、读好书；知书达礼，明礼向善，文明和谐等。

读书月活动指南

各年段、班级可参考下面的活动建议，自行设计读书月方案，分阶段组织实施。

①刊出一期"我读书、我精彩，我们读书、世界精彩"主题黑板报，学校组织检查评比。

②开展创建"书香班级"主题班会。

③开展"每日一诗"诵读活动，各班组织一次古诗词诵

读比赛。

④深入开展班级图书角和好书交流活动。尝试开展"图书市场"，在学生与学生之间、班级与班级之间建立"好书交换站"，举行"好书换着看"等活动，充分发挥学校、班级、个人的藏书优势，让每个学生都能多读书、读好书。

⑤开展读书心得交流会。要求各班学生把读书的感想、体会、经验等写出来，在班内进行交流。

⑥开展"好书相伴我成长"等征文演讲比赛活动。要求各班同学把在读书过程中发生的成长故事记录下来，选出最佳文章，参加学校"我与书的故事"征文比赛。

⑦开展优秀读书随笔、读书手抄报（或电子报）展评活动。

⑧开展"我与父母同读一本书"活动。

⑨每天定时读书半小时。

附一：××××年"读书月"活动设计最佳书签设计比赛

为激发学生的阅读兴趣，展示学生个性化书签制作能力，本届"读书月"决定评选"最佳书签设计奖"。相关事宜通知如下：

比赛要求

（1）书签的文字和图画内容都要与宣传图书馆知识、读书知识相关。

（2）为了让大家有更大的发挥空间，书签形状不限。既可手工制作，也可以电脑制作。

（3）评分规则：总分为 10 分。美工及内容各占 5 分。

（4）参赛作品请注明班级、姓名。

（5）按年段进行评比。

截稿日期

2010 年 5 月 10 日。

评奖

设一等奖 *10* 名；二等奖 *20* 名；三等奖 *30* 名。

附二："好书伴我成长"演讲比赛

为了丰富校园文化生活，给学生提供展示才华和交流的舞台，并进一步激发学生对读书的热情，特举办"好书伴我成长"演讲比赛，现在将有关事宜通知如下：

演讲主题

重点讲述自己的读书经历、读书故事，回顾读书对自己成长的影响。介绍自己看过的一本好书。

演讲要求

①时间不超过 *3* 分钟。

②主题鲜明，语言流畅，富有真情实感。

③演讲要求脱稿。

④每班限报 *2* 名，按年段开展评比。

奖项设置

一等奖 *2* 名；二等奖 *3* 名；三等奖 *7* 名。

比赛时间

4 月下旬。

附三：经典古诗文诵读比赛

我国是一个具有五千年历史的文明古国，中国的文化灿烂辉煌。古人给我们留下了寓意深刻的美文，需要我们新一代去传诵。

班级组织本次比赛活动，方案自定。

优秀组织奖评选通知

为总结读书月成果，表彰先进，本届读书月决定设立优秀组织奖。

本次优秀组织奖按年段依据各项活动积分从高到低排定。其中，年段积分前一、二位获优秀组织奖，颁发奖状，并按学校文明班级考核相应条款给予计分。

分项计分方法

①黑板报：年段按六、五、四、三、二、一计分。

②学生征文比赛、学生演讲比赛、学生最佳书签评比按一等奖（3分），二等奖（2分），三等奖（1分）计分。

③班级组织学生古诗词诵读比赛：按组织（5分），不组织（不得分）计。

④学生参加县比赛按一等奖（4分），二等奖（3分），三等奖（2分）计。截至6月10日。

附四：第×届读书月活动的倡议书

春天，是一个梦，梦的名字叫成长。

春天，是一首诗，诗的主题是收获。

美好的春季里我们开学了，同学们一起来吧，走进属于我们的首届读书节。

载梦想起飞吧，携着书的芬芳！

"让经典走进心灵，使阅读成为习惯"是我们本次读书月的主题。在书的世界里，我们可以领略广阔的天地，欣赏壮丽的山河；可以知晓文史，品诗词歌赋；可以回味古韵的悠长，眺望未来的瑰丽！

共读一本好书，就是凝聚同一种力量。你有一片泥土，我有一把种子。美好的季节不可错过，成长的泥土，需要阅读的种子。一起读书吧！让萌动的希望谱下春天的第一首曲子，让成长的渴望写下春天的第一篇诗行。

开卷有益，益己、益人、益民族、益国家、益未来！读书真的很快乐！让我们积极参与，分享读书的浓浓乐趣，共享读书的美好时光！

8. 学校科技节活动指导方案

指导思想

为贯彻落实《中华人民共和国科学技术普及法》和《中共中央、国务院关于进一步加强和改进未成年人思想道德建设的若干意见》，促进学校科普教育和创新教育的开展，激发学生"爱科学、讲科学、用科学"的热情，丰富学生的课余生活，提高学生的科学文化素养，展现师生奋发向上、拼搏进取的精神。根据青少年科艺指导中心的工作要点，结合学校实际情况，决定举办学校科技节。

科技节活动主题

科技·人·城市

科技活动节总体要求

举办科技节活动是构建和谐的校园环境、提升校园文化内涵的一项重要活动。全校师生要提高认识、人人参与，齐心协力办好科技节。

科技节活动负责人员要精心组织、周密安排，在规定的时间内完成各项活动的报名、比赛等工作，保证科技节活动的顺利进行。各班班主任要积极策划、认真组织指导本班学生参与科技节的各项活动。

在科技节活动各项目进行时，学生在集合、观看、解散的整个过程中，班主任要对学生预先做好安全教育、纪律教育、礼仪教育。

具体内容和实施说明

（1）开幕式

参加人员：全校师生。

时间：4月20日。

地点：学校操场。

（2）"关爱海洋、热爱家乡"环保贺卡（一至八年级学生）

①要围绕"海洋""家乡"的主题，充分地发挥自己的想象力，并主要利用废旧物品制作别出心裁、精致、富有创意的贺卡，贺卡内容积极、健康、向上，能体现海洋的知识、文化、精神，体现地方的特色、特点、风土人情等，达到宣传环保的目的。

②贺卡须由学生独立完成。

③贺卡折叠以后的大小不得超过32开，贺卡形状、样式、文字、内容等均须围绕海洋展开，但制作材料必须主要为废旧品，

可为纸、废塑料、玻璃纸、零碎布、零碎木片等。可以通过在贺卡上写一行字、画一幅画、粘贴一幅图片，来展现海洋风貌、地方风采，如海洋生物、海洋世界、地方土特产、标志性建筑等。

④作为贺卡底卡上不能画有或写有任何东西，不得粘贴任何东西，但可以用铅笔勾画一个框架。贺卡制作完毕后需填写学校、学生姓名和年级、班级。

评选标准

（1）思想性

①内容积极、健康向上，反映学生的审美情趣和审美能力。

②紧扣"关爱海洋、热爱家乡"的主题，并科学地表达完整的意义。

（2）创造性

①取材新颖，构思独特，设计合理，原创性高。

②贺卡作品具有想象力，具有个性的表现力。

（3）艺术性

①能较好地运用形、色及明暗等美术语言，贺卡整体感和谐、娴美。

②构图完整，文字、图片、图画等要素要连贯、一致。

（4）技术性

能够根据贺卡内容的需要选用恰当的制作工具和制作技巧，制作技术娴熟。

头脑奥林匹克大挑战

五年级和七学生参加。比赛题目分自备材料类和套材类，自备材料类的题目有"纸结构承重""扑克牌结构"。套材类的题目有"小车滑坡""多拉快跑"。为解决学生制作材料的缺乏，方便学生参赛，本次科技节将统一进行"扑克牌结构"的比赛。

科普英语

六至九年级学生参加。

科普英语活动——"科学家的小故事"。

活动地点：二楼中会议室。

参加对象：初中部学生（各班在预选后推出 *1* ～ *2* 名学生）。

活动要求：用英语介绍一位科学家的小故事，材料自选，并复印一份交评委。

评分标准：英语科普小报（三至五年级，每班交一份）。

作品要求：可以是电脑小报，也可以是手工小报，材料自选。

征文大赛

四、六、七、八年级学生参加。

（1）写作主题："迎世博、保环境、创文明"

文章需主题明确，结合世博会主题要求，真情地写出对世博会的期待、关于世博会与节能环保、关于世博会的主题演绎、关于世博会历史与现代人文、小手牵大手做好文明东道主和世博文明小使者、世博会与和谐文明社会创建等。

（2）写作内容

参赛者可根据以上内容进行写作，也可根据自己的独特体会结合世博元素进行写作。要求观点鲜明，积极向上，有新颖和独特的见解，紧密联系实际，感受真实，感情真挚，语言通顺流畅；写作构思独特，文章内容具体生动；文章内容可以结合与日常生活密切相关的文明行动、有推广价值的文明行为和先进事迹为题材，积极倡导节约能源、保护环境的良好社会文明风尚。

（3）写作要求

①体裁不限（不含诗歌），题目自拟；

②字数：小学组 500 字左右；中学组 800—1200 字；

③参赛文章格式要求：标题小二号宋体，正文三号仿宋 GB2312，单倍行距，Word 格式；

④所投稿件需为原创稿件，如因稿件非原创而发生法律纠纷，由参赛者自负。

备注：征文活动已事前单独布置到相关任课教师，望班主任关心此项活动。

"小课题（发明）设计方案"评选

四、六、七、八年级学生参加。

①凡是对生活、学习和生产等方面拥有创造、创新和改善的新设想、新设计的中小学生均可申报参赛。

②"小课题（发明）设计方案"为自选课题。

③设计方案必须填写在规定的表格上。

科学幻想画

绘画主题："美丽城市·美好生活"

作品要求：

①参赛作品可用油画、国画、水彩画、水粉画、钢笔画、铅笔画、蜡笔画、版画、粘贴画、电脑绘画等绘画形式，使用不同材料表达内容（不包括非画类其它美术工艺品）。

②参赛作品一律在规格为 4 开的材料上绘制，横竖放置均可。

③参赛作品限个人独立完成。

④参赛作品不得抄袭他人已发表过的作品，违者一经发现，将被取消资格。

⑤参赛作品的评审标准：主题鲜明健康，具有创新的科技灵魂和吸引人、感染人、鼓舞人的艺术魅力，并符合以上要求。

科技活动节闭幕式

举办优秀作品展、庆"六一"文艺表演暨颁奖活动。

评奖方法

优秀组织奖评分说明：

①各比赛项目按团体计分的比赛，第一名 5 分、第二名 4 分、第三名 3 分。

②按个人计分的比赛，第一名 3 分、第二名 2 分、第三名 1 分。

备注

①比赛需要的物品一般都要求自备。

②所有的作品按规定的时间交给指定的教师,在规定时间之前、之后都不收作品。逾期作弃权处理。

③所有的作品应由班主任经过挑选后按数量交到负责教师处并落实。

④各项目组长可根据实际情况设计具体方案组织实施。

第二章

学校节庆活动的设计指导

1. 元旦节活动的设计指导

节日由来

元旦是新年开始的第一天，即 1 月 1 日。

"元旦"一词出自南朝梁人萧子云《介雅》诗："四气新元旦，万寿初今朝。'"一元"是开始、第一的意思；"旦"是象形字，上面的"日"是象表字，代表太阳，下面的"一"字代表波涛澎湃的海面。意为：一轮红日正从海上喷薄而出，放射出灿烂的光芒，会意为早晨，象征一日的开始。"元"和"旦"合在一起，是指新年开始的第一天。

据说，"元旦"这一名称，最早始于三皇五帝。据记载，夏帝颛顼就把孟春正月，即春季的第一个月作为岁首，定为"元月"，称做"正月"。把正月的朔日，即正月初一叫"朔旦"。这样元月的朔旦就简称为"元旦"了。此后历代元旦日期的规定又有些变化。例如：商朝把十二月初一定为元旦；周朝以十一月初一为元旦；秦朝把十月初一为元旦。到汉武帝时，又规定正月初一为元旦，一直沿用到清朝末年。

1949 年 9 月 27 日，中国人民政治协商会议第一届全体会议通过使用"公历纪年法"，把农历正月初一定为春节，而将公历 1 月 1 日定名为元旦。同年 12 月 23 日，中华人民共和国中央人民政府规定公历 1 月 1 日元旦放假一天。从此，元旦这一天成为全国人民的欢乐节日。

一般来说，除夕夜，人们常常习惯于守在收音机、电视机旁，听元旦第一声钟响，互相祝贺新年的来到。元旦当天，人们兴致勃勃地参加各项文化娱乐活动，兴高采烈地开始新的一年。

活动设计

（1）钟声舞会

除夕夜选择一个合适的场地，举行交谊舞会，也可搞成气氛热烈的化妆舞会，一直跳到新年钟声敲响为止。

（2）新年文艺晚会

文艺节目要热烈、欢畅，充满希望和活力。

（3）展览

可以举办建设成就、展望未来的图片展览，以宣传成就、鼓舞斗志。

（4）体育活动

举行象征性的体育比赛，如"长征杯"元旦越野长跑比赛等。

（5）游艺有奖联欢

集中各种游艺项目，吸引教职工和学生家长参与。

元旦相关知识

（1）公历

公历俗称"阳历"，它是罗马教皇格里高利根据《儒略历》于1582年修订而成。

公历是根据太阳与地球的关系来决定的，以地球绕太阳从春分点回到春分点的时间为一年。年度长为365天5小时48分46秒。把一年分成12个月，1、3、5、7、8、10、12是大月，每月31天；4、6、9、11是小月，每月30天；2月比较特殊，在平年（一年365天）

只有 28 天，闰年（一年 366 天）29 天。

（2）阴历

"阴历"是根据月亮与地球的关系制定的，又称"农历"或"夏历"。

阴历与阳历的区别：按照阴历，一年有 12 个月，大月为 30 天，小月为 29 天，所以一年只有 354 或 355 天；根据阳历，每月平均的日数接近 30.5 天，而实际上月亮绕地球一圈的时间是 29 天 12 小时 44 分 03 秒（秒朔望月）。这样阴历与阳历每年相差 11 天多。

为解决二者间的差异，并反映出季节的变化和月相的变化，我国古代历法规定了"19 年 7 闰"的办法，即每隔两三年便多设置一个月，使每 19 年中共多出 7 个月。这一年 12 个月之外又多出的一个月，被人们称为"闰月"。

（3）年代和世纪

"年代"是指一个世纪中的某一个 10 年。例如，19 世纪 70 年代，就是指 1870—1879 年。

"世纪"一词，来源于拉丁文，1 个世纪是 100 年。公元元年至 100 年为一世纪，101 年到 200 年为二世纪。以此类推，2001 年是 21 世纪的第一年。

（4）世界上最早和最迟过元旦的国家

世界上使用公历的国家，都将 1 月 1 日定为元旦。由于地球自转的过程中，各地出现黎明的时刻大不相同。根据 1884 年"国际经度会议"确定的"国际日期变更线"规定，世界上最先迎接新年的国家之一是位于"日界线"西侧的斐济；而世界上最迟过新年的地方是位于"国际日期变更线"东侧的西萨摩亚。

我国是第 12 个跨入新年的国家,比美国早 13 小时迎接新年。

(5)世界各国的元旦

在国外,许多国家根据自己的宗教、风俗习惯和以大自然的某些现象选择自己的"元旦",其选择依据非常有趣。

①涨水元旦。古埃及根据尼罗河涨水的现象确定元旦。

②雪花元旦。爱斯基摩人生活的地区终年下雪。那里的人把雪花开始飘落的第一天作为新年的开始,称为"雪花元旦"。

③雨季元旦。乌干达一年有两个"元旦"。他们以雨季和旱季为准确定新年。因为每 6 个月就有一个雨季和旱季,所以,他们把雨季和旱季开始的第一天当作"元旦",这样乌干达一年有两个新年。

④候鸟元旦。印度尼西亚的凯拉比特人,居住在候鸟的故乡。他们的历法也是以候鸟来去作为依据的,候鸟飞来的这一天就是他们的元旦。

⑤不笑元旦。墨西哥有些地方的历法中,一年有 18 个月,每月 20 天。一年结束后,有 5 天不准笑,过后便是元旦,故称"不笑元旦"。

⑥月亮元旦。9 月是丰收的季节,所以叙利亚有的地方把他们的"元旦"安排在 9 月月亮圆后的第一天。

⑦纪念日的元旦。也有用纪念日来规定元旦的国家。如菲律宾为纪念菲律宾民族英雄何塞·黎萨尔,就把何塞·黎萨尔的就义日即公历 12 月 30 日确定为元旦。

又如柬埔寨以释迦牟尼诞生日为纪元,每年佛历五月,即公历 4 月 14 日—16 日为新年。

（6）扑克牌与历法

我们常见的扑克牌又名帕斯牌。扑克牌上，实际隐含了不少历法知识。

一副扑克牌共 54 张。其中，大王、小王分别代表太阳和月亮，其余 52 张正牌代表一年里的 52 个星期天。

扑克牌有黑桃、红心、草花、方块四种图案两种颜色。四种图案分别代表春、夏、秋、冬四个季节，红黑两种颜色分别代表白天和夜晚。

四种图案中，每种图案分别有 13 张牌，代表每季里有 13 个星期天。每种图案所有的点加起来共为 91 点，表示每季为 91 天。

四种图案的点加起来，再加小王的一个点，总数为 365 天，正好是阳历平年一年的天数。如果再加上大王的一个点，就是闰年的天数。

2. 春节活动的设计指导

节日由来

春节是我国各族人民最隆重、最热闹的传统节日，是农历新年，在民间习惯上亦叫作"过年"。它设在立春前后，为春季之始，故称"春节"。

我国人民过春节的历史，可上溯到尧舜时代。当然，那时的春节不是正月岁首。到汉武帝时，才确定以农历正月岁首为春节。

这个办法一直相沿至今。

以正月岁首为新年，与我国以农业立国、以农为本有关。在古代，人们把谷的生长周期叫"年"。《说文解字》中说："年，谷熟也。"《谷梁传·宣公·十六年》则称："五谷大熟为大有年。"谷子一熟为一"年"，"有年"是指收成好，"大有年"指大丰收。把年当作节日庆祝。实际上就是庆祝丰收，所求来年风调雨顺，大吉大利。

几千年来，春节活动形成许许多多的节日风俗和节日活动。节日风俗主要有扫尘、贴春联、挂年画、放爆竹、守岁、拜年、包饺子、吃年糕等。节日活动主要有舞狮子、耍龙灯、踩高跷、逛花市、射箭等。长期以来，劳动人民辛勤劳作了一年，当腊尽春回之际，总要高高兴兴地庆祝一番。所以，春节是团圆佳节，是社交良机，也是民间文化活动的高潮。

现今，在春节前几天，家家户户都要进行大扫除，除旧迎新。在新春佳节期间，广大劳动人民一方面穿红戴绿、喜气洋洋，走亲访友，饮酒宴乐，互相拜年，互祝幸福；广泛开展丰富多彩、富有健康意义的文化娱乐活动。

活动设计

（1）春节大联欢

大联欢可以演出各种形式的文艺节目为主，还可以组织跳交谊舞进行联欢。

（2）新春游园会

游园会是综合多种不同内容集中起来的大型活动，如组织文艺演出、体育表演、游艺、书画展览、放映电影等。

（3）体育表演

体育表演可以民间传统体育项目为主要内容，如拔河、摔跤、赛马、荡秋千、武术等。

（4）写春联、赠春联

春节前，开展为学校教职工写春联活动；春节里，学校可以组织赠春联活动，为老红军、烈军属、劳模先进送春联。

（5）迎春诗画会

组织学生诗画创作，抒发对新春的美好祝愿。

（6）拜年活动

组织文艺小分队向学校教职工、同学拜年。

春节相关知识

（1）"年"的传说

关于"年"的传说很多，其中之一是在太古时期，有一种凶恶的怪兽——"年"，头长触角、尖牙利齿，凶猛异常。每到腊月三十，"年"便出来到处残食人畜。因此，那一天，人们都会熄灯灭火，关门闭户，避难躲灾。

一次，这个怪兽到了一家门口，恰巧这户人家人人穿着红衣服，正烧着一堆竹子取暖。怪兽见他们穿着红衣服不敢接近，而这家人见到怪兽也非常害怕，惊慌中将一个盆子碰落在地，"哐当"一声，怪兽吓了一跳。紧接着燃烧的竹子又"噼里啪啦"地爆响，"年"被吓得掉头逃窜。关于"年"怕红、怕火、怕响声的事一传十，十传百，人们终于有了制服"年"的办法，便兴高采烈地相互道喜。

从此以后，每当除夕之夜，人们都在户外放上大量的食物，用红颜色的桃木做成牌子，挂在门口，称为"桃符"。在家里通宵点灯，生起炉火，燃放爆竹，以防"年"的突然袭击。除夕过后，"年"

的灾难躲过去了，家家户户十分高兴，便出门相互祝贺，叫"过年"。

这样年复一年，便有了"过年"这一传统节日，形成现在还保留的除夕晚上"守岁"、生炉火、燃放鞭炮等习俗。

（2）春联史话

相传，春联是由桃符演变而来的，起源于春秋战国时期。

在古代，人们用两块长24厘米，宽3厘米的桃木板，刻上神荼、郁垒二位的名字或画其图像，挂在门的两侧。

到了五代，后蜀的宫廷里开始在桃符上题写联语。据《宋史·蜀世家》记载：广政二十七年除夕，孟昶命翰林学士辛寅逊在桃符上写联语，但嫌辛寅逊写得不工整，就自己挥笔写道："新年纳余庆，佳节号长春"。这便是我国最早的春联。到了宋代，春节贴春联已成为民间的习俗。

真正用红纸写春联这种习俗始于明朝。据记载，明太祖朱元璋十分喜欢对联，而且也要别人喜欢。他曾传国："公士士庶家门，须加春联一副。"他还亲自为陶安撰联："国朝谋略无双士，翰苑文章第一家。"之后，他微服私访，替百姓写春联。从此，贴春联便成了春节的一个重要节日风俗，一直流传至今。

（3）贴"福"字的由来

贴"福"字是我国春节的一个传统习俗。贴"福"字的来历很多。其中一种来历起源于明代。有一年农历正月十五，明太祖朱元璋微服出访，在一个村镇上看见许多人在围观一幅画，画上画着一个赤脚女人抱着一个大西瓜，意思是取笑淮西妇人大脚。恰好朱元璋的马皇后也是大脚，又是淮西人，所以朱元璋十分恼怒，回宫后便派人到镇上调查：了解这画是何人所作，围观者是何许人；

对没有参与此事的人家，则在大门上贴个福字作标记。第二天，官府便到没有贴福字的百姓家抓人。人们感到贴福字能保家庭平安，于是每逢除夕，便用红纸写个大"福"字贴在门上，讨个吉利。

（4）春联鉴赏

金鸡晓唱千家喜　　　　春回大地春光好
白鹭晨飞万户春　　　　福满人间福气浓

一代风流抒壮志　　　　人逢盛世精神爽
九州巨变写春秋　　　　岁转阳春气象新

人杰地灵家计裕　　　　迎新春春光明媚
物华天宝国基宏　　　　辞旧岁岁月火红

百鸟和鸣唱春曲　　　　旧岁已赢十分好
万民欢愉庆丰收　　　　新春更上一层楼

眼笑眉开辞旧岁　　　　日月光华歌复旦
心雄志壮迎新年　　　　云霞灿烂乐长春

祖国昌盛千般好　　　　富裕花开香万里
大地更新万户春　　　　丰收酒溢醉千家

高歌华夏兴邦曲　　　　碧海青山千里秀
又赋神州富国诗　　　　红楼绿树万家春

一展宏图九州丽　　　　玉树银花送旧岁
八方瑞气五谷丰　　　　红梅绿柳迎新春

人寿年丰家家乐　　　　一元复始春为首
国泰民安处处春　　　　五谷丰登勤在先

一统山河呈秀色　　　　日月光辉千里共
九州龙虎展雄姿　　　　春风柔暖九州同

一元复始民心乐　　　　祖国荣光随处照
万象维新国力宏　　　　家庭喜气拥春来

飞雪迎春千家暖　　　　花开富贵年年好
东风送暖万户春　　　　竹报平安月月圆

人人向上家家喜　　　　鞭炮声声报喜
年年登高步步新　　　　红灯盏盏迎春

九天日月开新运　　　　旭日临窗送暖
万里笙歌承太平　　　　东风拂面报春

富如旭日腾云起　　　　江山春色如画
财似春潮乘风来　　　　祖国前程似锦

欢歌笑语辞旧　　　　　　笑盈盈辞旧岁
爆竹红灯迎新　　　　　　喜滋滋迎新春

又是一年春色　　　　　　新年新岁新景
依然万象光辉　　　　　　春风春雨春色

冬去山明水秀　　　　　　共庆春回大地
春来鸟语花香　　　　　　同歌喜到人间

爆竹一声除旧　　　　　　春光腾四野
桃符万户更新　　　　　　捷报喧九州

3. 学雷锋活动的设计指导

节日由来

雷锋，生于 1940 年，湖南长沙人。雷锋 7 岁便成了孤儿，在亲戚的帮助下生活。1950 年，在党的关怀下，雷锋上了学，小学毕业后在乡政府当通信员，后调县委当公务员。1957 年加入共青团，之后担任治沩工程指挥部通信员、参加团山湖农场和鞍钢厂等建设，多次被评为劳动模范和先进生产者。1960 年 1 月雷锋应征入伍，同年 11 月入党，1962 年 8 月 15 日因公殉职。

雷锋以"钉子"精神为动力，坚持学习，始终把"全心全意为人民服务"的宗旨作为行动指南。他热爱部队，关心集体，帮助战友，迅速成长为一名共产主义战士。在部队两年零八个月的平凡工作中，他荣立二等功一次、三等功三次、嘉奖多次，被评为"节约标兵"和"模范共青团员"，并被选为抚顺市人民代表大会代表。

1963 年，国防部命名雷锋生前所在的班为"雷锋班"。同年3 月 5 日，毛泽东主席等老一辈无产阶级革命家先后题词，号召全国人民向雷锋同志学习。从此，全国各地开展了向雷锋同志学习的活动，雷锋精神得到了发扬光大，雷锋式的英雄模范不断涌现。

活动设计

（1）学雷锋先进事迹报告会

教师可以组织学生讲述身边的"活雷锋"先进事迹，以激发学生热爱祖国、感恩亲人的热情。

（2）学雷锋诗歌朗诵会

班级可以"学雷锋、树新风"为诗会主题，组织诗歌朗诵会。

（3）学雷锋小组活动日

学校可以定期组织学雷锋小组活动日，为身边的人做好事、帮助孤寡老人等。

雷锋纪念日相关知识

（1）雷锋精神

雷锋精神是指在雷锋身上体现出来的共产主义精神。其内容包括：爱憎分明的阶级立场，言行一致的革命精神，公而忘私的共产主义风格，奋不顾身的无产阶级斗志。其实质是：忠于共产主义和社会主义事业，毫不利己、专门利人，全心全意为人民服务，做一个平凡而伟大的共产主义战士。

（2）雷锋日记摘抄

"人的生命是有限的，可是，为人民服务是无限的，我要把有限的生命，投入到无限的为人民服务之中去。

我要像松树那样，不怕风吹雨打，严寒冰雪，四季常青；我要像柳树一样，插到哪里都能活，紧紧与人民连在一起，在人民中生根、长大、结果，做人民最忠实的勤务员。

在工作上，要向积极性最高的同志看齐；在生活上，要向水平最低的同志看齐。

迎着困难前进，这也是我们革命青年成长的必经之路。有理想有出息的青年人必定是乐于吃苦的人。

一滴水只有放进大海里才永远不会干涸，一个人只有当他把自己和集体事业融合在一起的时候才能最有力量。

一个人的力量毕竟是有限的，走不远，飞不高，好比一条条小溪，如果不汇入海河，永远也不能汹涌澎湃、一泻千里。

青春啊！永远是美好的，可是真正的青春，只属于那些永远力争上游的人，永远忘我劳动的人，永远谦虚的人。

有人说，人生在世，吃好、穿好、玩好是最幸福的。我觉得人生在世，只有勤劳，发愤图强，用自己双手创造财富，为人类的解放事业——共产主义贡献自己的一切，才是最幸福的。"

4. 妇女节活动的设计指导

节日由来

3 月 8 日是世界各国劳动妇女为争取解放而斗争的纪念日。J909 年 3 月 8 日，美国芝加哥女工为争取自身的权利，举行盛大的罢工和示威游行，这一行动得到美国和世界各国劳动妇女的热烈支持和响应。1910 年 8 月，在丹麦首都哥本哈根召开的第二届国际社会主义妇女代表大会上，在克拉拉·蔡特金的提议下，大会一致通过将每年 3 月 8 日定为国际劳动妇女节。

中国妇女第一次群众性的纪念"三八"国际妇女节活动是 1924 年在广州举行的。中华人民共和国成立后，中国妇女获得了解放。1949 年 12 月，中国中央人民政府做出决定：3 月 8 日为法定节假日，该日全国妇女放假半天。她们可以组织参加各种形式的纪念联欢活动。

活动设计

（1）妇女运动报告会

报告会的内容可以讲述妇女运动的历史，女性在民主革命和社会主义建设时期的作用，还可以专门宣传女性模范人物的事迹。

（2）"三八"联欢晚会

晚会要搞得生动活泼，组织音乐、舞蹈、戏曲、游艺等综合内容的联欢，也可以请一些模范人物即兴表演或发言。

（3）书画展览

举办由女性创作的书法、绘画作品展览，或举办反映女性精神面貌和对建设社会主义现代化的热情的展览。

（4）体育比赛

"三八"节前，学校可以组织女职工开展以小型比赛为主的体育比赛活动，如乒乓球、拔河、象棋、篮球比赛等。

妇女节相关知识

（1）吉卜赛人的妇女节

西班牙吉卜赛妇女的传统节日——妇女节在每年 10 月上旬秋收结束后，节日为期 3 天，主要活动地点是西班牙的马达霍斯省的梅里达。

吉卜赛人的妇女节活动主要内容除庆祝丰收外，就是让姑娘自由地选择中意的男子，或在节日里和自己的心上人举行婚礼。这一天，丈夫要选择珍贵的礼物送给妻子；父母也要挑选精美的礼物送给女儿。

（2）马奇顿族人的妇女节

1 月 8 日是希腊蒙诺克里亚村马奇顿族人的妇女节。

马奇顿族人的妇女节的主要活动：全村男女对调工作，男人在家照顾孩子、做家务，而女人则要接管村政府、汽油站、交通岗等村里的一些重要工作。下班后，女人也像男人们一样去酒吧、咖啡店，闲坐聊天，开怀畅饮。太阳落山后，全村妇女举行宴会，庆祝自己的节日，然后回家享受一次丈夫的款待。

5.劳动节活动的设计指导

节日由来

5月1日,是全世界劳动人民的重大节日,也是我国劳动人民的重大节日。

1886年,第一国际日内瓦会议提出了8小时工作制的口号。1886年5月1日,美国芝加哥、纽约、波士顿、费城、华盛顿等城市共约有35万工人举行了规模空前的大罢工,要求改善工作条件,实行8小时工作制,罢工遭到镇压,但是这次罢工运动在国际工人运动史上具有重要意义。

为了纪念这次工人运动,1889年7月,由恩格斯领导的第二国际在巴黎召开的会议上,决定把象征工人阶级团结、战斗、胜利的5月1日定为"国际劳动节",又称"劳动节"。从此,5月1日就成了全世界劳动人民共同拥有的节日。

我国工人阶级第一次大规模纪念"五一国际劳动节"是在1920年。中华人民共和国成立后,中央人民政府政务院明确规定每年5月1日为劳动节。

每年这一天,全国人民举行各种庆祝集会和多样的联欢活动,并对有突出贡献的劳动者进行表彰。

活动设计

(1)庆祝"五一"游园会

游园会要办得规模盛大,内容丰富,形式多样,气氛热烈。

要邀请劳动模范、先进生产者参加。

（2）庆"五一"文艺晚会

晚会的节目内容除娱乐、欣赏外，宣传劳动模范忘我的拼搏奉献精神、反映劳动模范生活的节目要占一定的比例。

（3）报告会

报告会可宣讲有关"五一"的来历、劳动模范的事迹等内容。

（4）工人运动历史和当代中国劳动模范风采展览

组织有关国际工人运动和我国工人运动的史料，以及当代中国劳动模范的风采，以文字、图片等形式展览，起到教育和纪念作用。

（5）拔河比赛

可以增强学生之间的友谊和团结。一般适宜在"五一"当天举办，当天结束。

劳动节相关知识

（1）我国最早纪念"五一国际劳动节"的歌

我国最早纪念"五一国际劳动节"的歌，当数《五一纪念歌》。

1921 年初，我国早期工人运动领导人邓中夏在北京长辛店机车车辆厂创办了一所劳动补习学校。同年，他和教职员工编写了一首脍炙人口的《五一纪念歌》。歌曲主题鲜明，格调昂扬，表达了广大人民群众反对压迫、争取自由、渴求解放的强烈愿望。

歌词全文如下：

美哉自由，世界明星，拼吾热血，为他牺牲，要把强权制度一切扫除净，记取五月一日之良辰。

红旗飞舞，走光明路，各尽所能，各取所需，不分贫富贵贱

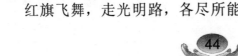

责任唯互助，愿大家努力齐进取。

（2）劳动者享有的权利

①平等就业和选择职业的权利。《中华人民共和国劳动法》规定，劳动者不分民族、种族、性别、宗教信仰都享有平等的就业权利。劳动者在签订劳动合同时，有权按照自己的意愿与用人单位平等协商，就劳动条件、劳动报酬、劳动合同期限等条款达成一致，签订劳动合同。

②取得劳动报酬的权利。劳动报酬是劳动者付出劳动后应当得到的回报。获取劳动报酬的权利是公民一项非常重要的经济权利。我国法律禁止非法侵犯劳动者获取劳动报酬的权利，任何单位不得克扣劳动者工资，职工加班应当获得加班费。

③休息休假的权利。我国法律规定，用人单位可以根据工作需要安排调整职工的休息时间。但是劳动者每天工作时间不得超过 8 小时，平均每周工作时间不超过 40 小时。《中华人民共和国劳动法》第三十八条规定："用人单位应当保证劳动者每周至少休息一日。"第四十条规定，在元旦、春节、国际劳动节、国庆和法律、法规规定的其他休假节日，依法安排劳动者休假。

④获得劳动安全卫生保护的权利。《中华人民共和国劳动法》第五十二条规定："用人单位必须建立、健全劳动安全卫生制度，严格执行国家劳动安全卫生规程和标准，对劳动者进行劳动安全卫生教育，预防劳动过程中发生事故，防止和减少职业危害。"第五十四条规定："用人单位必须为劳动者提供符合国家规定的劳动安全卫生条件和必要的劳动防护用品，对从事有职业危害作业的劳动者应当定期进行健康检查。"

⑤接受职业技能培训的权利。《中华人民共和国劳动法》第六十八条规定："用人单位应当建立职业培训制度，按照国家规定提取和使用职业培训经费，根据本单位实际，有计划地对劳动者进行职业培训。"

⑥享受社会保险和社会福利的权利。《中华人民共和国劳动法》第七十三条规定："劳动者在退休、患病、负伤、因公伤残或者患职业病、失业或生育时，依法享有社会保险待遇。劳动者死亡后，其遗属依法享受遗属津贴"。

⑦提请劳动争议处理的权利。劳动者与用人单位就劳动者权益发生争议时，劳动者有权依法申请调解、仲裁或者提起诉讼，在权益受到侵害时寻求司法救济。

⑧参加和组织工会的权利。劳动者有权依法参加和组织工会，独立自主地开展活动，不受其他团体和组织的非法干预。

6. 五四青年节活动的设计指导

节日由来

五四青年节是 1919 年发生在北京以青年学生为主的一场学生运动。1918 年 11 月 11 日，持续 4 年之久的第一次世界大战以英、美、法等国的胜利和德、奥等国的失败而告终。1919 年 1 月，获胜的协约国在巴黎凡尔赛宫召开所谓的"和平会议"，中国作为战胜国参加了会议。会上，中国代表提出废除外国在华特权、取消"二十一条"等正义要求，但均遭拒绝。非但如此，会议竟决定由日本接管德国在山东的各种特权。此消息传到国内后，举国震怒，群情激愤，以学生为先导的五四爱国运动爆发。

5月4日下午，北京3000多学生在天安门前示威游行，呼吁各界人士行动起来，保卫中国的领土和主权。这一运动得到了工人和各阶层人士的声援和支持，上海、南京等地的工人纷纷举行罢工或示威。在全国人民的压力下，北洋政府被迫释放被捕学生，罢免曹汝霖等人的职务，并指令参加巴黎和会的代表拒绝在和约上签字。

五四运动是一次反帝反封建的爱国运动，充分显示了中国青年的革命精神和力量，它促进了马克思主义与中国工人运动的结合，造就了一批具有初步共产主义思想的知识分子，为中国共产党的成立在思想上和干部上准备了条件。

为继承和发扬五四运动的光荣传统。1939年，陕甘宁边区西北青年救国联合会规定5月4日为中国青年节。1949年12月23日，中央人民政府政务院正式规定5月4日为中国青年节。

以后每年的这一天，全国各地都要举行各种适合青年特点的纪念活动，开展丰富多彩的文体活动，庆祝青年人自己的节日。

活动设计

（1）传统报告会

讲述五四运动的起源和如何发扬五四精神、继承革命传统等，会后还可放映有教育意义的电影。

（2）青年大联欢

联欢活动中除多种形式的文艺节目外，还可组织讲故事、做游戏、猜谜语、知识竞赛、跳交谊舞等。

（3）青年体育比赛或体育表演

组织青年教职工举行各种体育比赛和体育表演，如篮球赛、排球赛、足球赛、乒乓球赛及武术表演等。

（4）游艺晚会

选择部分具有娱乐性、趣味性、知识性的游艺项目，组织一场晚会，供青年教职工尽兴游玩。还可穿插一些做游戏、猜谜语、智力测验等内容。

（5）朗诵比赛

朗诵比赛内容可以宣传党对青年教职工的关怀和反映青年精神面貌为主题。亦可办化妆朗诵会、诗歌音乐会等。

五四青年节相关知识

（1）各国的青年节风采

①喀麦隆的青年节。每年的 2 月 11 日是喀麦隆的青年节。这一天，喀麦隆的青年联盟、青年俱乐部都要为国家提供无偿服务，还要点燃火炬，表演文艺节目。

②匈牙利的青年节。每年的 3 月 15 日是匈牙利的青年节。这是为了纪念 1948 年 3 月 15 日匈牙利广大青年在布达佩斯市集会，与反动派进行斗争的革命精神。

③扎伊尔的青年节。每年 10 月 14 日是扎伊尔"全国青年日"。这一天，首都金萨沙市的青年要举行大规模的游行集会。

④加蓬的青年节。每年 3 月 5 日是加蓬青年节。这一天，加蓬青年隆重集会，人们狂歌酣舞庆祝节日。

⑤芬兰的青年节。每年 4 月 30 日是芬兰的青年节。这一天，青年男女头戴一项白帽子，围在塑像四周唱歌、跳舞，狂欢至黎明。

⑥德国的青年节。德国在每年 *10* 月 *7* 日与国庆节同时举行为期 *3* 天的"青年体育节"。青年在欢乐、愉悦的气氛中参加竞技活动。

⑦瑞典的青年节。每年 *4* 月 *30* 日是瑞典的青年节。节日期间，各商店为青年提供优惠的文化用品、书籍和食品等，父母还要赠送子女节日礼物。

（2）青年修养

坚定，但不固执；活泼，但不轻浮；

勇敢，但不鲁莽；沉着，但不寡断；

机警，但不多疑；豪放，但不粗鲁；

老实，但不愚蠢；忍让，但不软弱；

谨慎，但不胆小；自信，但不自负；

自谦，但不自卑；自强，但不自骄；

自珍，但不自赏；自爱，但不自娇；

紧张，但不忙乱；严肃，但不呆板；

随和，但不失度；幽默，但不庸俗；

爱说，但不狡辩；爱动，但不越轨；

（3）名人话青春

李大钊：青年者，人生之王，人生之春，人生之华也。

高尔基：青春是有限的，智慧是无穷的，趁短暂的青春，去学无穷的智慧。

伏尔泰：要在这个世界上获得成功，就要坚持到底，剑到死都不能离手。

奥斯特洛夫斯基：一个人的一生应该是这样度过的，当他回首往事的时候，不因虚度年华而痛悔，也不因碌碌无为而羞愧。

这样，在临死的时候，他能够说："我的整个生命和全部精力，都已经献给世界上最壮丽的事业——为人类的解放而斗争。"

苏轼：古之立大事者，不惟有超世之才，亦必有坚忍不拔之志。

7. 母亲节活动的设计指导

节日由来

世界上许多国家都有"母亲节"，多数国家以每年 5 月份的第二个星期日作为"母亲节"，以歌颂世间伟大的母亲，报答母亲的恩情，弘扬中华民族的传美德。

"母亲节"起源于美国。1906 年安娜·贾维斯的母亲突然去世，她决定实现母亲的遗愿，为创立母亲节四处奔走。1914 年，美国国会通过决议并由威尔逊总统亲自签署，将每年 5 月的第二个星期日定为母亲节，并以康乃馨花作为母亲节的象征。

节日期间，家庭成员要做使母亲开心的事，并向母亲赠送礼物，表示祝贺。当年的美国总统威尔逊还规定：母亲节那天，家家户户应悬挂国旗，以示对母亲的尊敬。

我国广东省妇联于 1988 年倡议：每年 5 月第二个星期日为母亲节，也得到了全社会的响应。现在，全国各地在母亲节那天会开展各种形式的庆祝活动。

活动设计

（1）慰问活动

由学校领导带队，开展慰问母亲活动，让所有成为母亲的教职工感到作为一名母亲的光荣与伟大。

（2）小型文艺演出

由学校组织，以"母爱""歌颂母亲"为主题，举办小型文艺演出，以发扬尊重母亲的好传统、好风尚。

（3）朗诵比赛

挑选一些以歌颂母亲为主题的文章诗词，举办朗诵比赛，以树立尊重母亲、爱戴母亲的良好风尚。

母亲节相关知识

（1）关于母亲的名言

母亲的爱是永远不会枯竭的。

——冈察尔

母爱是世间最伟大的力量。

——米尔

世界上的一切光荣和骄傲，都来自母亲。

——高尔基

母爱是一种巨大的火焰。

——罗曼·罗兰

世界上有一种美丽的声音，那便是母亲的呼唤。

——但了

（2）孟母断织教子

孟子是战国时期的大思想家，儒家思想学派的代表人物，与孔子并称为"孔孟"。孟子的成才与他母亲的关心教育是分不开的。

有一天，孟子逃学跑回家。孟母正在织布，见儿子逃学回家，很生气。为了教育孩子，她拿起剪刀把刚织好的布剪断了。孟子见状非常惊讶，便问母亲为什么这样做。孟母说："你中途停学，和我中途断织是一样的事。君子只有经过学和问才能有广博的知识，以后做事才顺利。现在你未到放学时间就跑回家，将来怎么会有出息？好比我们家是靠我织布为生一样，现在我把布机上的布剪断了，全家吃饭和穿衣的来源也就都断了。"

母亲的劝告给了孟子很大的触动。从此，他下定决心，刻苦学习，并拜子思为师，以继承孔子学说为己任，终于成了我国古代著名的思想家。

（3）田母训子

战国时期，一个下级官吏想从齐国丞相田稷子那里得到好处，于是花言巧语，将两千两黄金"送"给了田稷子。田稷子将钱拿回家，田母觉得可疑。当问明原因后对田稷子说："我听说，读书人应当有道德修养，行为要纯洁，不取不应得的报酬，不拿不义之财。现在，你身为齐国丞相，俸禄也很优厚，你应当把国家的事办好。作为一名大臣，应当把所有的能力都拿出来治理国家，忠于职守，至死不变，同时还要廉洁公正。这样办事才能顺利，自己也可以避免灾祸。而你的做法，正好相反。你怎么能对得起齐王对你的信任呢？"

田母还说："做大臣不忠，和做儿子不孝一样。不义之财，我不能要；不孝的儿子，我也不能要！"

田稷子听了母亲的这番教训，非常惭愧。他当即把所有的钱全部退回，并当面向齐宣王请罪。齐宣王知道后，对田母大加赞赏，并赦免了田稷子的罪。

8. 儿童节活动的设计指导

节日由来

每年的 6 月 1 日是国际儿童节，是全世界儿童的节日。

1949 年 11 月，国际民主妇女联合会为保障全世界儿童的权利，在莫斯科召开的理事会议上作出决定，将每年 6 月 1 日定为国际儿童节。1931 年，中华慈幼协会建议将每年的 4 月 4 日确立为儿童节。中华人民共和国成立后，1949 年 12 月，中华人民共和国政务院作出决定，把我国儿童节与国际儿童节统一起来，将每年的 6 月 1 日定为儿童节。

儿童节这一天，全国的少年儿童放假庆祝，开展各种联欢活动，让我国的少年儿童与全世界儿童一起欢庆自己的节日。

活动设计

（1）联欢活动

组织各种形式的、具有知识性、趣味性特点的联欢会，如游艺联欢会、趣味联欢会等。

（2）电影晚会

选择适合少年儿童特点、有利于他们健康成长且富有教育意义的影片放映。

（3）文艺演出

组织一场有歌舞、曲艺、戏剧组成的文艺晚会，最好是少年儿童自己演出的节目，富有亲切感、趣味性。

（4）英雄见面会

邀请部队战斗英雄和模范先进人物来校，让少年儿童与英雄见面，或举行英雄报告会，用英雄的爱国主义、集体主义思想和英雄事迹教育少年儿童。

（5）小发明展览会

收集少年中的小发明、小科技、小革新、小创作，举办"少年科技成果展览"，可以培养他们重视科学、热爱科学的高尚情操。

儿童节相关知识

（1）世界上最早的幼儿园

世界上最早的一所幼儿园是 *1802* 年由英国著名的空想社会主义者罗伯特·欧文在苏格兰的纽兰纳克建立的，当时称为幼儿学校。这所学校的指导思想是愉快而健康的生活条件和有趣味的活动。

（2）爱迪生"孵小鸡"

爱迪生是美国著名的发明家。他自幼好问，勤于动脑，遇事爱寻根问底，好奇心强。

在爱迪生五岁的时候，有一次他看见一只母鸡在鸡窝里，便问妈妈："鸡把蛋放在屁股底下坐着干吗？"

妈妈告诉爱迪生说："这是鸡妈妈怕蛋着凉，给它们暖和暖和。"

爱迪生问："蛋为什么要暖和呢？"

他的妈妈回答："那是为了孵小鸡。"

听了妈妈的话后，爱迪生想：鸡妈妈把蛋放在屁股底下可以孵出小鸡来，那人坐在蛋上也能孵出小鸡来。他决心试一试。于是，他从厨房里拿了几个鸡蛋，躲到邻居家的仓库里，用碎布、烂草做了个小窝，把蛋放在里面，自己蹲在上面，认认真真地孵起小鸡来。

（3）"书圣"的秘密

东晋书法家王羲之被誉为"书圣"。他从 7 岁开始练字，几十年如一日，从不间断。正因为刻苦，才练出了入木三分的笔力，成为大书法家。

后来，他的儿子向他询问学习书法的秘诀。王羲之指着家里的十八口水缸说："秘诀全在这些水缸里。你把这十八缸水写完，就知道了。"

（4）孩子

曾任美国鹿特丹大学校长的赫斯伯荷说："做父亲的能为孩子们做的最重要的一件事，就是爱他们的母亲。"

法国作家斯汤达说："孩子是大自然给予我们的债权人。"

美国著名记者比尔·华恩说："对一个 3 岁孩子而言，花了五六十美元装饰的秋千，和他自己捉到一只小昆虫，其乐趣差不多是一样的。"

美国地质学家霍姆斯说："孩子闯入您家，搞了 20 年噪声，吵得您简直难以忍受。突然，他离开您了，您家变得静悄悄的，静得可以叫您发狂！"

俄国作者屠格涅夫说："孩子是空中飞翔的小鸟，心情好的时候就飞来，不高兴的时候就飞走。"

（5）家教九戒

一戒偏心相待，挫伤感情；

二戒简单粗暴，动辄打骂；

三戒求全责备，拔苗助长；

四戒缺乏理解，导致隔阂；

五戒一味溺爱，教管脱节；

六戒只教不做，没有表率；

七戒管得过细，扼杀动力；

八戒脱离实际，要求过高；

九戒意见分歧，无所适从。

9. 建军节活动的设计指导

节日由来

8 月 1 日是中国人民解放军建军纪念日。1927 年大革命失败后，为了挽救革命，中国共产党决定，以党能够掌握的革命武装在江西南昌举行武装起义。

1927 年 8 月 1 日，南昌起义爆发，标志着中国共产党独立领导武装斗争和创建革命军队的开端。

1933 年 7 月 1 日，中华工农民主共和国中央政府作出决议，规定每年 8 月 1 日为中国工农红军纪念日。从此，8 月 1 日便成为中国人民解放军建军纪念日，也称"八一"建军节。

建军节前后，全国各地都开展拥军优属活动，表达对人民子弟兵的拥护和爱戴。

活动设计

（1）军民联欢会

请军人与教职工和学生同台演出反映我军光荣传统和军民团

结的文艺节目。亦可组织不同规模的军民大联欢。

（2）传统报告会

请部队的相关人员讲述人民解放军的光荣传统、保卫祖国的英雄人物事迹或八一南昌起义的历史等。

（3）慰问演出

"八一"建军节期间可组织文艺小分队到部队驻地进行慰问演出或开展慰问军烈属活动。

建军节相关知识

军人誓词

2018年5月1日起施行的《中国人民解放军内务条令（试行）》中规定军人誓词是：

我是中国人民解放军军人，我宣誓：

服从中国共产党的领导，全心全意为人民服务，服从命令，忠于职守，严守纪律，保守秘密，英勇顽强，不怕牺牲，苦练杀敌本领，时刻准备战斗，绝不判离军队，誓死保卫祖国。

10. 建党纪念日活动的设计指导

节日由来

每年7月1日是中国共产党成立纪念日。

1921年7月23日，中国共产党在上海召开了党的第一次全国代表大会。最后一天的会议在嘉兴南湖举行。出席会议的代表共12人，代表全国50多名党员。"一大"的主要任务是：正式成立集中统一的中国共产党；讨论并确定党的纲领和工作计划。大会选举产生了陈独秀、张国焘、李达三人组成的中央局，陈独秀被选为中央局书记。"一大"的召开，宣告了中国共产党的正式成立。从此，中国有了以马克思主义为行动指南、以共产主义为奋斗目标、集中统一的新型的无产阶级政党。

最早把 7 月 1 日作为中国共产党成立纪念日是毛泽东于 1938 年 5 月在《论持久战》中提出来的。1941 年 6 月，中央书记处发出了"关于中国共产党诞生二十周年、抗战四周年纪念指示"。指示中说："今年'七一'是中共产生的二十周年。"从此，"七一"就作为党的生日固定下来了。这也是中共纪念"七一"的第一个指示。

活动设计

（1）"七一"文艺晚会

安排热爱中国共产党、歌颂党的内容。做到既生动活泼又有严肃气氛。

（2）"七一"歌会

歌会紧紧围绕歌颂党这个中心。还可举办赛诗会或歌曲教唱活动。

（3）书画展览

展出的书法和绘画作品，主题要突出"三热爱"：热爱党、热爱祖国、热爱社会主义；也可举办党史展览。

（4）党史报告会

邀请党史研究人员讲述党的诞生、成长、战斗历史。会后可放映歌颂党的电影。

建党纪念日相关知识

（1）入党誓词

我志愿加入中国共产党，拥护党的纲领，遵守党的章程，履行党员义务，执行党的决定，严守党的章程，保守党的秘密，对党忠诚，积极工作，为共产主义奋斗终身，随时准备为党和人民牺牲一切，永不叛党。

（2）党旗与党徽

1996 年 9 月 21 日，中共中央办公厅印发《中国共产党党旗党徽制作和使用的若干规定》，正式定下党旗规范："中国共产党党旗为旗面缀有金黄色党徽图案的红旗。中国共产党党徽为镰刀和锤头组成的图案。"

党旗、党徽的图案设置：镰刀把指向左下方，刀尖弯指右上方，月牙形刀口朝左上方开；锤头置于月牙形刀口中间，锤柄交叉在镰刀中间指向右下方。锤子，代表工人阶级；镰刀，代表农民阶级。

11．教师节活动的设计指导

节日由来

9 月 10 日是我国的教师节。

尊师重教是中华民族的光荣传统。早在商代甲骨文里已有"师"字，为古代军队的一种编制单位，由此引申指军队。后转指官名，又专指掌教民之事的官职名称，引申指教师，掌握专门技术或知识的人。《孟子·梁惠五章句下·第三节》说："天降下民，作之君，作之师。"君、师并列可谓职业之崇高。荀子认为："礼有三本。君师者，治之本也"。可见，那时，尊师已达到了相当高的程度。

我国的教师节历经了四次演变历程。

第一次是 *1931* 年 *5* 月，由邰爽秋、程其保等人发起，联络京、沪教育界人士，拟定每年的 *6* 月 *6* 日为"教师节"，并发表了《教师节宣言》。同时，提出改善教师待遇、保障教师工作、增进教师修养三项目标，并于 *1931* 年 *6* 月 *6* 日在南京中央大学举行了第一次庆祝活动。

第二次是 *1939* 年，教育部决定以中国教育家孔子的诞辰纪念日 *8* 月 *27* 日为教师节，并颁布了《教师节纪念暂行办法》。后来受到各种因素的影响，未能在全国推行。

第三次是 *1951* 年，由教育部和全国教育工会共同商定，废除 *6* 月 *6* 日的教师节，将五一国际劳动节同时为教师节。因未突出教师的特点，效果不理想。

第四次是 *1985* 年 *1* 月 *21* 日，第六届全国人民代表大会常务委员会第九次会议通过了国务院为提高教师的地位、发挥全国教育工作者的积极性，提议重新建立教师节的议案，决定将每年 *9* 月 *10* 日作为我国的教师节。

活动设计

（1）教师大联欢

教师节前后可以举办规模较大的教师游园会。开展体育、游艺、舞会、娱乐等多种形式的联欢活动，使活动具有知识性和娱乐性。

（2）举办展览会

举办"优秀教师事迹展览"，宣传优秀教师忠于党的教育事业和精心培育下一代的先进思想和事迹，并做好参观者的组织工作。

（3）"为教师服务日"

义务为教师理发、裁剪和修理各种家用电器设备等尊师活动。

（4）"颂园丁"文艺晚会

演出的节目内容要突出，形式要活泼，最好由专业和业余文艺工作者及教师同台演出，以营造浓厚的尊师重教氛围。

教师节相关知识

尊师名言

韩愈：古之学者必有师。师者，所以传道受业解惑也。

列宁：不提高人民教师的地位，就谈不上任何文化，既谈不上无产阶级文化，也谈不上资产阶级文化。

夸美纽斯：教师是太阳底下最光辉的职业。

蔡元培：小学教员在社会上的位置最重要，其责任比大总统还大些。

李世民：玉虽有美质，在于石间，不值良工琢磨，与瓦砾不别。若遇良工，即为万代之宝。

12. 国庆节活动的设计指导

节日由来

*10月1日*是中华人民共和国成立的日子，是举国欢庆的盛大节日。

1949 年 9 月 21 日至 30 日，中国人民政治协商会议第一届全体会议在北平召开，毛泽东主席在开幕词中说："占人类总数四分之一的中国人从此站起来了"。1949 年 10 月 1 日下午 2 时，中华人民共和国中央人民政府委员会在北京举行了第一次会议。中央人民政府主席、副主席和委员宣布就职，同时任命了党和国家的主要领导人。下午 3 时，中华人民共和国在北京天安门广场隆重举行开国大典，首都如万军民参加了大典。林伯渠宣布典礼开始，在群众的欢呼声中，毛泽东主席向全世界庄严宣告："中华人民共和国中央人民政府今天成立了！"这时，54 门礼炮齐鸣 28 响，万众欢腾，广场上欢声雷动。接着举行了阅兵式，朱德总司令检阅了人民解放军陆海空三军受阅部队。

1949 年 12 月，中央人民政府委员会通过决议，每年 10 月 1 日为中华人民共和国国庆节。

为了欢庆这个一年一度的日子，全国各族人民都会举行各种丰富多彩的庆祝联欢活动，表达对祖国的热爱。

活动设计

（1）国庆大联欢

联欢内容要围绕歌颂祖国建设成就、宣传为现代化做出重大贡献的模范人物，联欢形式尽量多样化。

（2）图片展览

运用形象化的形式以照片、图表、文字宣传现代建设成就和全国人民建设现代化的热情。也可举办品种多样、内容丰富的专题邮票展览。

（3）"祖国在前进"诗歌朗诵会或"神州新貌"书画展

举办歌颂祖国不断发展，人民生活水平不断提高的诗歌朗诵会；也可举办表现祖国新风貌的书画展览。

国庆节相关知识

（1）五星红旗

五星红旗是中华人民共和国国旗，是由曾联松设计的。国旗由红色的旗面和黄色的五角星组成，长与高之比为 3：2，旗杆套为白色。红色表示热烈，似红霞一片，象征革命；五角星用黄色是为了在红地上显出光明。五颗金星镶嵌在红旗的左上方，一星较大，居左；四星较小，环拱于大星之右，并各有一个角尖正对大星的中心。大五角星代表中国共产党，四个小五角星代表工人阶级、农民阶级、城市小资产阶级和民族资产阶级。五颗五角星的相互关系象征中国共产党领导下的革命人民大团结和人民对党的衷心拥护。

1949 年 9 月 27 日，中国人民政治协商会议第一届全体会议通过决议，中华人民共和国的国旗为五星红旗，象征中国革命人民大团结。

（2）中华人民共和国主席

中华人民共和国主席由全国人民代表大会选举产生，并与全国人民代表大会常务委员会相结合，行使国家元首职权。

为表彰宋庆龄对中国革命和建设做出的卓越贡献，1981 年 5 月 16 日，第五届全国人民代表大会常务委员会第十八次会议通过决议，授予宋庆龄中华人民共和国名誉主席荣誉称号。

（3）我国的国歌

我国的国歌是《义勇军进行曲》，*1934* 年写的歌词，*1935* 年完成了创作，由田汉作词，聂耳谱曲。

当时，《义勇军进行曲》是影片《风云儿女》的主题曲。*1949* 年 *9* 月 *27* 日中国人民政治协商会议第一届全体会议决定：在中华人民共和国的国歌未确定前，以《义勇军进行曲》为代国歌。

《义勇军进行曲》曲调激越，节奏铿锵有力，歌词反映了我国人民的革命传统，体现了居安思危的思想，激励着全国人民的爱国主义精神。

（4）国歌之最

世界上最早的国歌歌词是日本国歌《君之代》的歌词，其历史可追溯到 *9* 世纪末。

世界上歌词最多的国歌是希腊国歌《自由颂》，有 *158* 段歌词。

世界上最长的国歌是孟加拉人民共和国国歌《金色的孟加拉》，长达 *142* 小节。

世界上最短的国歌是巴林的国歌，只有 *7* 小节。

（5）礼炮

鸣放礼炮起源于英国海军。那时战舰上的火炮是前膛炮。前膛炮从炮口装填弹药，装一次放一下。当时英国最大战舰装有 *21* 门大炮，全部放完便是最高礼节。所以，现在很多国家在国庆大典或迎送外国元首时，一般也鸣礼炮 *21* 响或 *19* 响。

我国的开国大典鸣礼炮 *28* 响，是对中国共产党 *28* 年历史的礼赞。

13. 护士节活动的设计指导

节日由来

护士节是为纪念护理学科的创始人英国女护士弗罗伦斯·南丁格尔所设立的节日，*5 月 12 日*是南丁格尔的出生日期。

1854—1856 年，俄国与英、法、土耳其联军在克里米亚交战。战争开始阶段，由于英军医疗条件极差，半数以上的伤病员由于缺乏护理而死亡。危急时刻，南丁格尔率领 *38* 名护士来到前线，在斯库维里城英军战地医院护理伤病员。她竭尽全力改善医院的后勤管理、病员营养和环境卫生。由于护理质量的提高，在短短的几个月里，使伤病员死亡率下降到 *2.2* ％。她因此成了英国传奇式的人物。

南丁格尔的工作受到英国人民和政府的大力赞赏。为了表彰她的功绩，英国政府给予她 *4.4* 万英镑的奖励；英国人民自筹资金赠送给她，并以她的名字命名为"南丁格尔基金"。

1860 年，南丁格尔用这笔捐款在伦敦圣·托马斯医院创办了第一所正规的护士学校——南丁格尔训练学校。她以自己的思想认识和知识技能训练、培养护士，把学生培养成有知识、有文化、有实践经验的护士，从而使护理工作真正开始成为一门系统科学，推动了西欧各国及世界各地的护理工作和护士教育的发展。为了表彰她对护理学做出的贡献，*1907* 年英国政府授予她最高荣誉勋章。

南丁格尔于 *1910* 年去世，享年 *90* 岁。为了纪念她的功绩，*1912* 年国际红十字会和国际护士协会决定将她的生日（*5月12日*）定为护士节。

活动设计

（*1*）慰问演出

组织一场有歌舞、曲艺、戏剧、诗歌朗诵等组成的文艺演出，也可由护理工作者自排自演。

（*2*）联欢活动

组织各种形式的、具有知识性和趣味性特点的联欢会。

（*3*）电影晚会

选择反映护理工作者风采的富有教育意义的影片放映。

（*4*）事迹报告会

邀请在护理工作上有突出成绩的模范人物作报告。

第三章

学校联欢活动的组织指导

1. 联欢会的类型

我国是多民族国家，各民族人民在欢度自己的传统节日时，大都按照本民族、本地区的风俗习惯，组织内容丰富、形式多样的欢庆集会或活动。例如：蒙古族的那达慕大会；壮族的歌圩；哈萨克、柯尔克孜、塔吉克等民族在节庆日举行的"刁羊""姑娘追"等游戏活动；彝、白、纳西、拉祜等族在火把节举行的庆贺、游乐及饮酒歌舞活动；又如：回族在古尔邦节，藏族在望果节，傣族在泼水节，苗族在跳场、"四月八"，布依族在"六月六"，水族在端节等节日举行的欢庆活动。汉族和许多民族在春节、端午节用各具特色的方式庆祝丰收、祝福平安、增进友谊、表达爱情等，享受节日的欢乐，都属于联欢会的范围。

下面，介绍一些适于学校经常开展的联欢活动。

春节游艺会

拟例：选一面积为 1 500 平方米左右的会场。会场的门口张贴大红对联。两旁悬挂纱灯。室内墙壁、天花板、吊灯上纵横交错地拉起彩球、彩带、彩链，灯光透过这些装饰，增添了节日气氛。在会场的一角，醒目地布置了"游戏宫"，这里集中了钓鱼、钓瓶、盲人摸礼品、贴鼻子、吹蜡烛、画地图、拼地图、套圈、套鹿、夹球、虎口投球、敲鼓蒙头、巧走脚印等项目，吸引学生参加。在另一角布置"智慧宫"，设两百条智力测验题，两百条地理、历史、人物、天文、生物、数学、物理、化学等有趣味的知识测验题；还有谜语两百条，供学生猜设。在室内的另一处，设置"棋艺宫"，设有象棋、围棋、跳棋、国际象棋等各十五副，供学生对弈。还可以利用边沿场地设置三处发奖台，获胜者持奖票，在轻快的乐曲声中依次领奖。游艺晚会的出口设在会场另一端的大门。出口布置得令人回味，余韵尚浓。这种集各项游艺、文娱等活动于一体的联欢形式，有些人又称之为"大观园"。学生可根据自己的爱好和兴趣自由地选择游玩项目，入退场不求一致，学校组织者应尽量使学生轻松愉快，乘兴而来、尽兴而归。

元旦迎新晚会

拟例：在一所中学教室里，雪白的墙壁上张贴迎接新年的墙报，黑板上精心绘制带有庆祝元旦字样的粉笔画。课桌搬到室外，坐椅整齐排放。活动以自编自演文艺节目为主。晚会开始，团支部、班委会首先向同学们表示祝贺，然后报幕员主持联欢活动。报幕员可以是班里性格比较活泼开朗的学生，他的开场白把每个学生领入快乐的氛围中。节目演出的顺序：混声小合唱、相声、故事、二重唱、京剧清唱、三句半、手风琴独奏、诗朗诵、单人舞、独唱、器乐小合奏、舞蹈等。班主任老师也即兴演出节目。最后学生跳起集体舞，等待新年的钟声，迎接新的一年的到来。当新年的钟声刚刚响过，一位慈祥的新年老人缓步走来，向学生祝辞并赠送贺年片，并转送由每个同学准备的礼物。班长致简短的新年祝词，师生互相祝贺勉励，并再一次跳起集体舞，在欢乐的气氛中结束晚会。

"五四"联欢会

拟例：学校可以安排学生到大学观看文艺汇演。大学以各文艺社团作为活动骨干，各系各班提前创作排练一批纪念"五四"、反映校园生活的文艺节目。汇演于"五四"前夕在礼堂举行。组织工作实施方案包括：节目组织；舞台、灯光、服装、道具的使用和管理；后勤工作及财务开支；评选获奖节目工作和奖品设置；汇演的宣传工作；观众的组织工作；票、证、请柬的管理、发放和接待工作等。晚会于晚上 7:30 开始，按工作程序规定，工作人员下午 6:15 就位，观众下午 6:30 分开始入场，演员晚上 7:00 穿着演出服装，携带乐器等演出用具向舞台监督报到，7:30 分汇演开始。节目顺序如下：

①大合唱

②相声

③舞蹈

④男声独唱

⑤女声小合唱

⑥口琴独奏

⑦藏族舞蹈

⑧小提琴独奏

⑨诗朗诵

⑩管弦乐合奏

⑪男女声二重唱

⑫舞蹈

⑬男声小合唱

⑭女声独唱

⑮双人舞

⑯相声

⑰舞蹈

晚会结束后，工作人员认真清场，关闭门窗。舞台及后台工作人员要仔细查点物品、用具。水、火、电源要管理好，不留事故隐患。

中秋赏月晚会

拟例：在一个农村场院。夜空晴朗，月光皎洁，场院明亮如昼。辛勤劳动换来了丰收的好年景，学生们憧憬着丰收后的生活。中秋赏月晚会，参加者除学生和教职工外，还可以邀请村中的长辈、干部等。大家在场院内席地而坐，边欣赏演出，边聊天，边品尝鲜果。随后演出开始，学生们可以在教师的组织下表演各自准备的节目。晚会上还可以欢迎村中善艺者讲故事、做口技、清唱、乐器演奏等即兴表演。演出结束后，向空中放大小不同的若干个"孔明灯"。

庆丰收联欢会

拟例：在平原的乡村，"三夏"大忙之后举行。场院里做了简单布置：一侧作为舞台，用竹木编结的架子搭成彩门作台口，架子上插嵌着松枝、艾蒿和鲜花。场院四周插上一面面彩旗。活动内容分两部分。一部分是大队业余演出队自编自演的文艺节目；一部分是请一台大戏。演出后去附近池塘边放河灯、观河灯。每个青年都采集荷叶、蒲草，利用麦秸、彩纸、蜡烛等原料，设计各具形状的漂浮在水面上的彩灯。联欢会的流程：首先，场院文艺演出；其次，放河灯。以具有浓厚乡土特色的文艺形式，尽情表达丰收的喜悦。农村的联欢会一般在晚饭后开始，所以舞台、场院和池塘边要安装好照明用灯。

学校之间的联欢会

拟例：某学校和另一所学校在某场所内举办联欢会。事先，双方协商各自的节目、演出的顺序、场地观众组织等工作的分工及经费开支的分摊办法。工作的安排体现着两所学校之间的友谊。为了保证联欢会顺利进行，双方应按照事前商定的内容严格控制入场人数。场所附近设临时存车处，安排专人管理。事先检查礼堂各种安全设施。舞会上应该注意照明充分，乐曲健康，并维持好场内外秩序。

2. 联欢会的组织和注意事项

组织机构

学校组织联欢会应有一个领导小组，领导小组由组织指挥、接待人员、宣传报道、奖品、保卫、后勤等组成：

学校组织小规模的联欢活动，领导小组各部分负责的工作可以兼并。组织不同特点、不同类型的活动，领导小组内的职责分工也应作相应的调整。

在各部分的职责确定后，应及时明确工作日程和实施方案并组织落实。对于工作中的难点，要协商解决。学校相关领导及教师还应沉着冷静，随时注意可能会出现的意外情况，准备应急措施，避免发生事故。

注意事项

①为保证联欢会整场效果，所有学生不得追逐打闹，不准做危险游戏。

②要把联欢会作为学生教育内容之一，对学生进行热爱集体、遵守纪律、安全第一等方面的教育。选择活动内容要广泛，节目安排要有节奏、有起伏。力求寓教育于活动当中，使学生与家长得到健康的享受，做到有趣味性、知识性和思想性。

③要贯彻勤俭节约的原则，尽量利用现有条件，减少铺张浪费，把联欢活动办好。

④联欢活动应当十分重视安全工作，杜绝各种事故发生。

3．联欢会的宣传工作

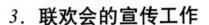

学校联欢会的组织工作都是综合性的，工作量也是巨大的。因此，需要有校领导和学生、教师的参与，需要得到各方面的支持，还需要辅以大量的行政工作等。只有充分发挥大家的积极性，把联欢会的各项工作落实到位，才能把联欢会办好。

首先要制定明确的目标。在目标明确的前提下，还要把具体目标加以明确。例如：所组织的联欢会是为庆贺某一节日、事件为主，还是围绕某主题，着重于宣传，给予学生某些启迪；是以解决学生的某项切身利益问题为主，还是通过活动调节生活，保证学生的娱乐和休息时间。明确这个具体目的，有利于使各项实施方案和工作都围绕一个中心思想来完成，使工作协调一致。

为了动员各方面支持、配合工作，教师可以向学校领导、学生及学生家长介绍联欢会的意义，要从学生特点的角度出发，从组织联欢会的目的和直接效果等方面讲清开好联欢会与各方面工作的有机联系和推动作用，争取各方面的支持，使联欢会顺利举办。

为扩大学校联欢会的影响。布告周知，可以在校为张贴海报。海报使用纸张的颜色、开张、质地都应与活动本身协调。文字与图片相结合，文字书写端正、清晰，可作美术加工；图片美观、背景与主题相关。张贴地点应根据活动内容、规模及其作用的不同而做适当选择。另外，可由班主任通知学生及学生家长参加联欢会。

4．奖品的设置和发放

在学校联欢活动中为了给学生以鼓励和安慰，一般都发放一部分奖品。奖品的数量和规格恰到好处，将给联欢会增添无限乐趣。下面，着重介绍游艺活动奖品的设置和发放。

在筹备阶段，要对奖品的等级、每一等级的价格、印制奖票的张数进行大致的估算，然后分别落实。估算可按下列经验公式：

$$F = K \cdot \overline{P} \cdot T$$

上式中：

F 为印制奖票总张数；

$\overline{P}$ 为各项游艺平均获胜率；单位：次／分

T 为游艺活动持续时间；单位：分

K 为获奖系数，即各项游艺平均获胜几次按规定可得到奖票一张，一般 $K \leqslant 1$，单位：张／次；

由上式可以看出，印制奖票的总张数与各项游艺平均获胜率及游艺活动持续时间成正比。如果仔细分析一下，K、$\overline{P}$、T 三个量都是可以人为控制、规定和调节的，调节得好，可以增加学生参加联欢会的兴致，保证发奖工作自始至终顺利完成。如 $\overline{P}$ 的数值过大，则得胜过于轻松，失去动脑筋的乐趣；而 $\overline{P}$ 的数值过小，则取胜很困难，容易使学生失去信心。$\overline{P}$ 的调整可以通过对各项游艺的难易程度得到。如套圈这一项目，通过投掷者与目标之间距离的调整，圈的直径大小的调整都可以使 $\overline{P}$ 改变。同样 K 值可以通过规定得到，如猜对三条谜语得一张奖票 $K=1/3$；猜对一条谜语得一张奖票 $K=1$；游艺活动持续的时间 T 当然是组织者确定的，这样我们便可以估算出一场游艺活动共需印制多少张奖票了。获胜者可凭手中奖票的数量领取奖品。

在筹办奖品时需要制定不同的等级。等级的规定单位按每张奖票的价格不等划分。假设每张奖票的价格为 Q，则：

$$Q = \frac{W}{F}$$

上式中：

　　W 为购买奖品的总金额；单位是元。

　　F 为印刷奖票的总张数；单位是张。

如果以一张奖票作为领奖的下限，即最低奖品等级，则规定递增奖票张数得到以上各等级。奖品分等级也不宜过多，一般分为三个等级就可以。

在全部奖品数量中，一等奖份数占 *15 %* ～ *20 %*；二等奖占 *30 %* ～ *35 %*；三等奖占 *50 %* 左右。而三个奖品等级所花费的金额大致相等。按照上述比例，可以按照不同等级的每张奖票的价格准备奖品。

上述估算，一般在提出经费预算时可以采用。如果已有的经费和预算数量有出入，或者在预先已有一个支出总数的情况下，对于印制奖票的张数和每张奖票的价格计算，也可以从上式计算方法得到。

在购买奖品时，应考虑到获联欢会的时间和主题等因素，使奖品具有纪念性、实用性、群众性。

另外，制定奖票也可以直接分成等级，这就需要对各项游艺规定获胜一次取得第几等奖。这也是一种组织办法。

在联欢活动进行过程中，应对各项发奖的情况及时进行了解，调整由于项目难易度不等，游玩者人数不等所带来的不平衡。克服发奖前后松紧不一的状况，使游玩者专心活动，避免出现不必要的不平衡心理，减轻发奖处的压力。

发奖处应设在醒目、宽敞的地方，便于学生选择奖品，减少拥挤。

奖票式样：

0021 奖　票 壹张 （盖章有效）	*0102* 奖　票 贰张 （盖章有效）	*0112* 奖　票 叁张 （盖章有效）
0030 奖　票 壹张 （盖章有效）	*0505* 奖　票 贰张 （盖章有效）	*0520* 奖　票 叁张 （盖章有效）

演出、竞赛等联欢活动奖品的设置方法，也应根据经费和参加人数的多少确定。按照上述奖品等级设置，结合活动特点参照办理。

5. 会场的布置

以游艺晚会为例，介绍几个方面的设想：

1.入口处的布置应表现出浓厚的氛围，烘托表现活动的主题

思想。还应设有导游说明，参加活动须知，使学生有一总括的印象。

2.游艺项目的布局。游艺项目的布局要根据场地的大小、光线、电源、进出口、周围环境、占地多少、人流大小、动或静、要不要张挂说明和附图、对游者视线的阻挡程度、安全可靠性等来安排。一般来说，把能活跃气氛、人流较大的项目放在醒目、方便的地方。

3.出口处也应张贴宣传画，与入口处相呼应，具有较热烈的气氛，令人回味，留恋。场内路线应比较畅通，场外交通应比较方便。

4.环境布置是游艺会的重要组成部分，必须与游艺活动内容相一致。文字、图案相结合的宣传形式，色彩要鲜明，图案要富有趣味性。也可以利用彩旗、彩球、彩花、彩灯制作立体字、图等烘托气氛，美化场地。

6. 美工制作的方法

对于各项说明、装饰、图案、立体字等的制作一般用纸裱糊。它制作简便，效果较好。

裱糊方法

把纸反面向上放平，由中心向四周涂上簿糨糊，而后将纸放到板面上，由中心向四周平刷，在刷平过程中随时将纸提在手中，动作迅速，否则容易起空心泡。

如遇纸张有矾性，上糨糊后稍等片刻，等待纸张水分吃透后裱糊，这样比较容易裱平。

裱道林纸，牛皮纸在反面涂上糨糊后，必须待渗透几分钟方可裱糊。

裱蜡光纸因正面有裱不易吸水，反面涂上糨糊后，必须渗透几分钟方可裱糊。

黄版纸并合，要两面上浆，而后把糨糊面合并压平，待干燥后方可使用。

会标、对联可以在大红纸上用毛笔写字以后晾干，在字周围粘些形状无规则的金银纸屑，效果较好。

几种小型装饰品的制作

彩带：用彩色皱纹纸剪成宽 2 ～ 3 厘米，长度任意的长带即可使用。

彩链：将宽 2 厘米，长 20 ～ 25 厘米的彩色纸条两端粘接起来成为一环。再依次做若干环使之环环相联接，直至达到要求长度为止。

小彩灯：用长 20 厘米，宽 13 厘米的蜡光纸（彩纸亦可）沿着长边方向从中对折。在垂直于折缝方向用剪刀以 2 ～ 3 毫米的间隔依次开剪，刀痕长度约占纸宽的四分之三。打开后粘接两端，再粘接两个边和提梁，穗便成。

小彩灯也可以按比例缩小或放大。在彩灯里安装小灯泡，效果也很好。

彩球：以宽 20 ～ 50 厘米，长数米的彩绸，往返折，再用细线将折叠部分拦腰扎紧，经过整形，成为彩球。

孔明灯的制作：用纸糊高 1 米，直径 50 厘米的圆筒或长 60 厘米的正方筒，粘接部分应密不透气。再用细竹条和粗铅丝做成支架，支架中心点应能安放酒精球即成。在放灯时先将纸筒撑开，筒口向下，支架平放在筒口内，与筒边固定，然后点燃酒精棉球，孔明灯即可升入天空。

孔明灯一般用于室外活动，选择高空没有障碍的场地进行，无风或微风天气为宜。

第四章

学校游园活动的组织指导

1. 游园活动的概述

游园活动具有小型多样、丰富多彩的鲜明特点，故而受教职工和学生家长的欢迎，成为学校开展文娱活动的一种常用的形式。在节假日组织开展一次内容健康、形式活泼的游园活动，有利于增强学生的身心健康，提高智力水平，锻炼学生的意志和毅力，丰富学生的文化娱乐生活。

游园活动具有以下特点：

第一，不限场地，小公园、花廊、院落、球场、广场、操场等地方都可以开展这项活动。

第二，根据场地大小可以容纳数十、数百甚至上千名学生同时参加活动。

第三，游园时间可由学校自由掌握，长则二三日，短则几小时。学生可根据自己的兴趣爱好自由地选择游戏项目，入退场不求一致，可以无拘无束，乘兴而来，尽兴而归。

第四，活动项目可根据场地特点灵活设置，随意增减。

第五，游园游戏一般都在绿树花草间进行。学生一边游园一边参加游戏，既放松了身心，又感到了大自然的美，格外尽兴。

2. 游园活动的筹划阶段

这个阶段的工作如下：第一，确定游园场地；第二，确定主

办单位、协办单位、承办单位，成立游园筹备小组并确定各职能小组成员；第三，制定切实可行的游园游戏活动方案；第四，提出整个活动的经费预算并取得学校有关领导的批准。

开展游园游戏活动之前要成立一个专门的组织机构，根据各班级的实际情况（如场地、经费、人员等），制订一个周密的活动计划，以求活动开展得成功、圆满。可成立一个游园活动筹备小组，筹备小组负责人由教师担任，下设活动项目组、道具制作组、经费组、总务组、宣传组、保卫组等职能小组，各司其职，各尽其能，把游园活动组织好。

3．游园活动项目组

组员可由各班级的班干部和经常组织班级活动的学生组成。该组的主要职能是提出各种可行的活动方案交筹备小组讨论，活动项目的设定要考虑到形式、内容符合各班级的实际情况和学生的喜好。

4．游园道具组

当筹备小组将游戏项目确定下来之后，部分游戏需要使用道具的，便可交道具组准备。道具的来源有三个途径：

①购买。如气球、手帕等。

②借用。如锣鼓、服装等。

③制作。道具组的学生可根据活动项目组的设想和提供的图纸，本着节约、美观、实用的原则，尽量利用现有条件，自己动手进行制作，保证活动的顺利进行。

5. 游园经费组

游戏项目一旦确定，经费组便可计算出本次游园活动大致所需的费用。经费的计算主要从以下几个方面入手：

①奖品。根据活动项目设立的奖次定下奖品标准。把各游戏项目奖品的所需费用加起来，便能得出奖品所需的总费用。

②购买或制作道具所需费用。

③装饰费。园中需点缀一些花灯、彩球、色带、横幅等装饰物，可提前派人前往商店考察一下有关的品种、价格。

④其他费用。如将游园活动的精彩、欢快场面拍摄下来，制成画册，那将是非常有意义的。这就必须考虑相应的冲印费用。另外，学生及学生家长、教职工的用餐费等也应考虑在内。

总之，经费预算可稍多一些，留有一定余地，以免措手不及。经费组将各项费用计算出来，得出一个具体数字，报教师或学校有关领导。

6. 游园总务组

总务组的成员必须具备认真负责、细致勤劳的工作态度。总务组的主要工作：场地的清理美化、道具的安装布置、奖品的挑选采购、茶水食品的供应服务等。

7. 游园宣传组

宣传组的任务：

①从组织游园活动的目的、意义和直接效果等方面，讲清开好游园活动与学生健康成长的有机联系和推动作用，争取学生家长的支持。

②为扩大游园活动的影响，应认真设计、书写各班级板报，并在学校宣传栏张贴海报，使活动产生广泛的影响。

③拍摄活动照片，制作、剪辑成资料性的画册、专题片。

④书写横幅、标语等宣传品，以增添游园气氛。

8. 游园保卫组

保卫组一般由教师组成，主要负责维持园内秩序、制止损坏活动器具、撕扯活动用品的行为，保证游园活动的顺利进行。

保卫组确定后，应及时制定工作日程和实施方案并组织安排落实。要密切配合攻克工作中的难点，还应冷静地处理突发事件，编制各种应急预案，以防发生安全事故。

9. 游园活动的准备阶段

场地、经费落实以后，便可进入游园活动的第二阶段——准备阶段。准备阶段所要进行的工作较为繁杂，主要有以下几个方面：

第一，购置或制作有关道具；

第二，按奖次选购奖品。

第三，清扫、布置游园活动场地。

第四，设计、书写、张贴游园会海报，设计、印制、条幅等。

10. 游园场地的安排

入口处

入口处应张贴大红楹联，两旁悬挂纱灯。这些布置要鲜艳夺目，营造一种红红火火、喜气洋洋的气氛。园内纵横交错地拉起彩带、彩链，悬起彩球、彩灯，以增添节日气氛。游园须知和导游图应设在入口处显眼的地方，引导学生和教职工参加游园会。

游戏点布局

游戏点的布局不可随心所欲,应根据场地的大小、光线的强弱、周围环境、占地面积、使用方法、安全可靠性等来安排。应特别考虑并做到的是疏密有致、动静结合。所谓疏密有致,是主办者应考虑到哪种游戏参加或吸引的学生多,哪些游戏参加或吸引的学生相对较少。吸引学生多的项目要安排在面积大一些的场地上进行。所谓动静结合,是主办者在选择游戏地点时,应将一些"静"的游戏项目,如猜谜、钓鱼等尽量安排在一处。而那些"动"的游戏项目,如你画我猜、盲人击鼓等应尽量安排在另一处,以各得其乐,互不相扰。

出口处

与入口处相呼应地张贴一些宣传品,让游园会的热烈气氛贯穿始终,令参加者流连忘返、回味无穷。另外,领奖台最好安排在出口处,以便获奖者领过奖品之后,便由出口处退场,尽兴而归。

11. 游园的必备设施

疏散通道

游园会是深受学生和教职工喜爱的一项娱乐活动。游园会往往人数众多。因此,设立疏散通道是必不可少的。一旦发生意外,即可打开疏散通道,引导学生和教职工安全撤离。

医疗点

备些常用药品及医疗器械，校医跟随，随时诊治游园会中教职工及学生出现的各种症状。

消防器材

为了保证游园学生、教职工、家属和国家财产的安全，必须置备一定数量的消防器材，以防止发生火灾事故。

茶水、饭菜供应点

游园会一般都是持续进行的，为使学生、学生家长、教职工尽兴游园，可设点供应茶水、冷饮、瓜果、糕点，午间供应快餐，以保证游园活动的顺利进行。

广播站

在园内装置几个小喇叭。一是可以指导学生游玩，配合游园活动。二是可以播放一些情调轻快的音乐，以渲染游园会的喜庆气氛。三是可以应急，万一出现意外时，可利用广播指挥学生疏散。另外，若人多拥挤而出现走散的情况时，也可通过广播找寻。

舞台

如游园会安排演唱、演奏、朗诵、演讲、灯谜现场抢猜等活动，可临时用砖块、水泥板、木板等材料搭砌一个小舞台，以利于学生观看。

发奖处

须将各类奖品备足备齐，并安排专门的工作人员随时以热情的态度接待游园的学生领奖。

12. 奖品的设置与发放

在学校游园活动中，为了给学生以鼓励和喜悦，一般都要发放奖品。奖品的数量和规格要恰到好处，发放奖品将给游园活动增添乐趣。

①在筹备阶段，要对奖品的等级、每一等级的价格、印制奖票的张数进行大致的估算，然后分别落实。估算可按下列经验公式：

$$F = K \cdot \overline{P} \cdot T$$

上式中，F 为印制奖票总张数；$\overline{P}$ 为各项游艺平均获奖率，单位是次/分；T 为游园活动持续时间，单位是分；K 为获奖系数，即各项游艺平均获胜几次按规定可得到奖票一张，一般 $K \leqslant 1$，单位是张/次。

②在筹办奖品时，需要制定不同的等级。等级按每张奖票的价格划分，假设每张奖票的价格为 Q，则：

$$Q = \frac{W}{F}$$

上式中，W 为购买奖品的总金额，单位是元；F 为印刷奖票的总张数，单位是张。一般一等奖份数占 15% ～ 20%；二等奖占 30% ～ 35%；三等奖占 50% 左右。而三个奖品等级所花费的金额大致相等。

③在购买奖品时，应考虑到游园活动的时间和主题等因素，使奖品具有纪念性、实用性、群众性。

另外，制定奖票也可以直接分成等级。这就需要对各项游艺规定获胜一次取得第几等奖。这也是一种组织办法。

④在游园活动进行过程中，应对各项发奖的情况及时进行了解，调整由于项目难易不等、游玩者人数不等所带来的不平衡，克服发奖前后松紧不一的状况，使游玩者专心活动，避免出现不必要的不平衡心理，减轻发奖处的压力。

13．游园活动的进行阶段

在这个阶段，全体工作人员各就各位。整个游园会场像一台运转的机器一样开始运作。检票入场，维持好各游戏点的秩序、对奖、发奖……一切有序开展。

14．游园活动的结尾阶段

在这个阶段，也就是在游园会结束以后，工作人员要认真清场，拆除游戏器具，洒扫整理，查点物品用具。召集所有参加游园会的工作人员，开总结会，并广泛听取各方面（特别是游园人员）的意见，总结经验，找出不足之处，以便下次的游园活动开展得更加完美。

15．游园趣味表演项目推荐

秘密指令

【项目人数】

6～12人，分成两队。

【项目道具】

①野外。

②野营装备：地图、帐篷、锅灶、食物等。

【项目设计】

主持人发给各队一只信封，拿到后各自来到比较僻静的地方，打开研究，里面是一堆硬纸块，每块上面写一个字，要求拼出一句完整的句子，拼出了即可按指令执行。

指令举例：请跑步到竞赛处，领取一套野营装备，然后根据地图和路标，通过几个规定的障碍，来到营地，架起帐篷，支起锅灶，再根据营地提供的食物，做出一顿可口的饭菜来。最后打扫干净，钻进帐篷睡觉。

漫游太空

【项目规则】

必须严格按指令行动。

【项目人数】

24～36人，分成两队或三队。

【项目道具】

户外草地。

【项目设计】

每队 12 人，面向圆心围成一圈坐下，双脚合拢伸向圆心。先推选一人站在圈中间，闭上眼睛，全身放松，幻想自己正处于太空失重状态，以双脚为支点向任何方向倒下，正当他倒下时，周围的人应把失重的他推向另一方向，使他不倒在地上，能在圈中自由摆动，感到舒服并产生漫游太空的感觉。每人轮流尝试一次，熟练后，圆圈可加大，增强乐趣。

【项目规则】

圈中人倒地，游戏终止。

信任背摔

【项目人数】

10 人以上，分为两队。

【项目道具】

①背摔台一个，约 150 厘米高。

②捆手布 2～3 条，约 60 厘米长。

③体操垫一块。

【项目设计】

小组队员为 15 人时，约需 70 分钟。

①集合队员，介绍项目名称和活动要求。

②说明活动要求队员轮流站于高台上双手握于胸前，直立背向台下倒下，台下由全体队员保护其安全。

③挑选 10～12 名下方保护人员，摆成保护姿势。要求一对

一地面对面排列，双臂向前平举，掌心向上，伸到对面队员胸前，形成人的手臂垫。说明：腿要成弓箭步，队员倒下去注意手臂用力，抬头看着倒下的队员。将倒下队员接住后，用"放腿抬肩法"将队员平稳放下。开始之前，主持人应先用身体下压队员手臂，让队员感受到重量并表现出足够的托力。

④说明上下口令呼应为：

台上队员大声问下面："准备好了没有？"

台下队员齐声回答："准备好了！"

台上队员听到回应后，大声喊："一、二、三！"

台上队员直挺身体向后倒下。

⑤主持人站在台上，用捆手布将队员的手捆住后，用手抓住捆手布，从捆上布条至喊完口号前主持人必须用手握住布条，以防队员突然倒下。主持人站在队员身侧，提醒下面队员注意后，可以开始让所有队员按顺序完成该项目。

【项目规则】

①要求全体队员摘去手表、胸针、发卡、眼镜等可能造成人员伤害的物品。

②第一位背摔者可由队员自报，但要确定一位体重较轻的人进行第一次背摔，体重大的人应放在中间做，并可适当增加保护人数。

③有心脏病、脑血管病、高血压及严重腰伤者不能参加。

④背摔台的四脚应稳固结实。

⑤要注意台面木板是否结实。

⑥防止台上队员倒下时将主持人同时拉下。

⑦主持人在台上后移时注意防止摔下。

⑧主持人要检查背摔者身上是否有硬物等危险物品。

⑨未经上下口令呼应时不得操作。

⑩下方保护队员接住上方队员后不得将其抛起。

⑪禁止将接住的队员顺势平放在地上。

飞 镖

【参赛人数】

人数不限。

【比赛道具】

飞镖。

【比赛方法】

要根据镖体上的厚薄方向投掷：如果左厚右薄，应以顺时针方向抛出；若右厚左薄，则应逆时针方向抛出。握飞镖方法为：手抓住飞镖的翼端，镖体放平，不要倾斜。投飞镖时，应利用手臂甩动后带动手腕投出，肩、肘、腕部均要放松。

飞镖投出后，会飞出圆弧形的轨迹。如果用力得当，可以飞回投掷处，投镖者可以用手接住。飞镖可以单人玩，也可以多人玩。多人玩法有两种：一种是投镖人不接镖，接镖人不投镖；另一种是先在飞镖上涂上各种颜色，投出自己的镖后，去接别人投出的镖，别人也投出他们的镖，让规定好的其他人接。

【比赛规则】

飞镖比赛项目可分单人赛和团体赛两种。

单人赛得分指标有两种：

①飞镖出手后在空中的运动时间长短。时间越长，得的分

值越高。

②飞镖能否准确无误地回到投镖者手中。以能收回者为胜。

团体赛可以这样进行：每组规定若干人员参赛，每个参赛者编上颜色，这表示他该接这种颜色的飞镖。接对的加正分，接不到的为零分，接错颜色的加负分。比赛按组轮流进行。一组比赛下来，裁判员统计得分，并记录在案。然后其他组开始比赛。比赛结束后，按各组成绩列出名次。

飞　碟

【参赛人数】

人数不限。

【比赛道具】

飞碟。

【比赛方法】

为使飞碟飞得远、飞得稳，必须把碟口朝下，水平放置，用大拇指抵住碟底，其他四指托住碟口内壁，身体扭转成一定角度，利用腰部、手臂和手腕的力量，将飞碟抛出。

为稳当地接住飞碟，应看清飞碟飞来的位置，手臂伸上去抓住飞碟的边缘，抓住后手臂仍应顺势收回。接飞碟的时间要掌握好，不能太早或太晚。

飞碟一般可以双人玩和多人玩。

双人玩法有两种：

①两人合用 1 只飞碟，各自隔开一定距离，甲投乙接，再乙投甲接。

②甲乙两人各自手持 1 只飞碟，同时投向对方，让对方接住，

同时也要接住对方投来的飞碟。

多人玩法也有两种：

①用1只飞碟。游玩者散开，在一定范围内，当飞碟接近其中一个人时，这个人就必须接住它。

②当投碟人投出时，喊出一个人的名字，这个人就要根据飞碟飞行的方向，疾跑到预计到达的地方去接飞碟，再接着抛给其他人。

【比赛规则】

飞碟比赛可分双人赛和团体赛。以在规定的时间内接住飞碟的多少排名次。

魔 靶

【参赛人数】

人数不限。

【比赛道具】

准备好枪和子弹、掷镖、魔球和靶板。

【比赛方法】

魔靶是一种投掷性质的竞赛，其动作要领与投镖等相似。

【比赛规则】

①计分法：让参赛者站在离靶板若干米以外的规定地点，给相同数量的子弹、投镖或魔球，让他们轮番射击、投掷，记下每人的总分数，以累计总分最高者为胜。

②计时计分法：除和计分法规则基本相同外，另外增加一项规定时间。若超过规定时间没有用完子弹、镖、球的，均视为弃权。

陀　螺

【参赛人数】

人数不限。

【比赛道具】

组织者准备好陀螺、细绳各若干。

【比赛方法】

①旋转陀螺可以用手搓，也可以用细绳裹住甩。但不管用什么方法，动作都要敏捷、平稳、有力。

②在抽打陀螺时，应该让细绳的前端抽打在陀螺的中间偏上一点的位置。若抽得不准，反而会破坏陀螺原先的转动平衡。

【比赛规则】

①计时法。让参赛者各自手持陀螺1只、细绳1根。裁判宣布开始后，每位参赛者必须立即转动陀螺，并及时不断地抽打。如果超过2秒后，参赛者仍手持陀螺，应判为输。若发现陀螺已停止转动，也应判为失败。让陀螺转动的时间越长者，成绩越佳。

②移动位置法。组织者在比赛场地上事先用白粉画2个大圆圈，直径为2米左右，圆圈间隔4米～5米。比赛开始时，参赛者均站在一个圆圈里。当裁判下令比赛开始时，参赛者开始抽打陀螺。陀螺必须在保持不停地转动的同时，还要往另一个圈移动。等陀螺进入另一个圈后，再返回原来的圆圈。在规定时间内往返次数最多者获胜。

归队球

【参赛人数】

20～30人，分成两队。

【比赛道具】

准备大皮球若干个。

【比赛方法】

用大皮球投掷圈内的人，被掷中者退出圆圈；退出者在圈外阻止圈外的人投掷，并设法夺取其球，以求得归队的机会。

圈内的人如能用头顶着圈外人投来的空中球或地上的反弹球，可以叫一个已出圈的人归队；每顶一次，归队一人；多顶多归，一直到球落地为止。

如果球停在圆圈内，裁判员则宣布"死球"，由圈内的人用脚拨给圈外人。

圈外的人只要不踏进圆圈内，可以接取或钩打圈内来的球。

【比赛规则】

此比赛十分钟为一局，然后两队互换角色继续进行。

每局结束要计算成绩。没有归队的人数，每人以失一分计，失分多的一队为败。

每次比赛进行四局或两局都可以。

夺球之战

【参赛人数】

20人，分为4组。

【比赛道具】

在场地上画一条起点线，让参赛者排成一列横队站在线后，从排头开始1—4报数，并按报数先后分为四组依次排列。在起点线前画一个直径1米左右的小圆圈，选出一个引导人手持一个小足球站在圆内。

【比赛方法】

由引导人将球踢向前方，这时随意叫一个号数，如叫"3"号，则4个组的3号人员跑去追球。

【比赛规则】

在追球时，参赛者不准用手推拉人，要用脚带球把球带回，如把球踢向起点线则视为无效。谁把球带回起点线，谁就为该组争得1分。

最终得分多的组获胜。

地滚球接力赛

【参赛人数】

9～20人，分成3～4组。

【比赛道具】

选择一个排球场或根据人数的多少画一个长方形的场地，端线设有3～4个区域，底线放上3～4个实心球。把竞赛者分成人数相等的3～4组，各组以纵队站立在端线后，每组的排首两手各持一球（排球或篮球）。

【比赛方法】

各组队员用双手各滚一个球前进，从端线滚到接近底线处绕过实心球后返回端线，交下一个队员后站立至排尾。接球的队员以同样的方法滚球。

【比赛规则】

滚球者在没有返回端线时，第二个人不能跑出端线迎球。参赛者运球的双手不得离开球，必须摸着球边滚动前进，直到各队队员全部做完为止。

以先完成的一队为胜。

水中抢球

【参赛人数】

10～16人，分成两队。

【比赛道具】

找一处水深适宜处，或游泳池做赛场。准备球一只。

【比赛方法】

将参赛者分成两队，队员间实力要均等，会游泳。

裁判员把一个球抛在两队之间。双方队员努力抢球，抢到球的一队（得一分）就把球在自己人中间互相投递，另一队的人设法去抢球，抢到了球也得一分。

【比赛规则】

①不许从别人手中抢球。

②不能令别人没入水中或拉住对方身体的任何一部分不放。

障碍赛跑

【参赛人数】

参赛人数不限，也可分两队来进行比赛。

【比赛道具】

下列各种动作都可以作为障碍：跳远几次；用高跷走路；端一杯水跑；穿过圆环或绳圈；在椅背上打几个结；地上放十块小木板，一定要踏在这些小木板上跑过去；在一块小木板上放一个小皮球，要托着这个小皮球跑；一边跳绳一边跑等。

在起跑处画一条起跑线，在终点处绷一根终点带或画一条终点线。

【比赛方法】

起跑信号一响，参赛者立刻向前跑去。按照规定完成各项任务，再跑到终点，看谁跑得最快。

【比赛规则】

①发了起跑信号才能跑出起跑线。

②不可缩短跑程。

③参赛者一定要按照所规定的条件和任务进行，违反规定者每次罚一分。

踢踢跳跳过障碍

【参赛人数】

8～16人，分成两队。

【比赛道具】

在地上画两条线，作为起点和终点（相距约十五步）。将参赛者分成甲、乙两队，分别站在起点线后。在终点线上各插一面小旗（或小树枝）。在起点线和终点线中各放一个毽子、一根单人跳绳。事先规定跳绳、踢毽子数目。在起点与终点的正中位置由甲、乙两队各出一个遥长绳。

【比赛方法】

比赛开始时，两队参赛者中的第一人从起点线出发，先跳绳，后踢毽子，然后绕过小旗来到正中位置跳过长绳，最后回到起点线。在竞赛过程中，如一次完成所规定的跳绳数和踢毽子数时，可以接下去连续进行，直到符合规定为止。

【比赛规则】

各队的参赛者必须等本队的前一人回到终点后才能出发。哪队先完成哪队获胜。

抢地盘

【参赛人数】

参赛人数不限，分成两队，一队为攻队，一队为守队。

【比赛道具】

守队队员散布在山头，攻队队员在山下。准备小旗一面。

【比赛方法】

比赛开始时，攻队队长先安排好计划，分配战斗任务，并叫一名队员带一面小旗，设法插上山头的最高点。进攻令一发出，全队队员按计划执行任务。这时守队队员设法追拍攻队队员，凡被拍中即为俘虏。小旗若被守队夺取，守队就取胜。如果攻队成功地插上小旗，则攻队获胜。两队互换角色，比赛重新开始。

【比赛规则】

攻队须在半小时内插上小旗，否则算输。

打野战

【参赛人数】

参赛人数约 50 人，分成两队，选一人担任裁判员。

【比赛道具】

每个队员发一张小纸条，按各队分工，分别写上自己的职务，即总司令 1 人，军长 1 人，师长 2 人，旅长 2 人，团长 3 人，营长 3 人，连长 2 人，排长 3 人，工兵 2 人，炸弹 3 人，地雷 2 人。每队各备一面大旗。

【比赛方法】

两队各自布阵，选好大本营，把军旗插或挂在大本营适当的地方（以一人能拿到为宜）。然后把本队人员进行合理分工，如有的保护军旗，有的进攻。双方各派一个代表通知裁判员，并一起到双方阵地观察地形、检查军旗。裁判员则站在适中而容易看见的地方。

裁判员宣布野战开始。双方队员立即进行攻守活动。双方队员相遇时，可以追拍或躲避，双方一有接触，就一起到裁判员处，各自把自己的职务条交给裁判员。裁判员根据陆战棋规则做出判断，或取消战斗资格，或判归队继续参加战斗。在战斗时，双方可以采取多样化的战术。例如，伪装追逐，两人合击对方，躲、逃、逗等，设法消灭对方的力量。直到一方把对方的军旗拿到，护送到裁判员处，经裁判员检查该人的战斗力（检查职务条），立即宣布某队获胜。

两队队员必须都知道裁判员站的地点。如果人数多，可增加连长、排长以下职务的人员。

【比赛规则】

①地雷不能主动拍人，但可以做追捕的假动作。

②被拍后双方一同到裁判员处，双方非当事人不能一起跟去。

③职务大小顺序为总司令、军长、师长、旅长、团长、营长、连长、排、工兵、炸弹、地雷。地雷除遇工兵外，遇任何人均同归于尽。

④裁判员在执行工作中，必须为双方队员保密。

正方救三角

【参赛人数】

20 人，分为两队。

【比赛道具】

准备一个小布袋，里面松松地塞一些木屑或黄沙。

在场地的一角，画一个大三角形，场中央画一个正方形，沿场界画几个小圆圈，数量不得超过总人数的四分之一。

先选两人站在三角形里，一人做带头人，一人做其助手。两人手臂上各佩一个不同颜色的臂章。其余的人站在场上或圆圈里，小沙袋放在正方形里。

【比赛方法】

哨声响后，参赛者从一个圆圈跑到另一圆圈。带头人则走出三角形去捉人（或拍人），被捉到者到三角形里做"俘虏"。营救

"俘虏"的方法：任何人拾起小沙袋，抛给"俘虏"。"俘虏"接到后，把它交给带头人，就可恢复自由。小沙袋仍放在正方形里。

带头人的助手可半途拦截抛给"俘虏"的小沙袋，可捉手里拿小沙袋的人。被捉的人把沙袋交给带头人后，就走到三角形里做"俘虏"。如果"俘虏"没有接住抛来的小沙袋，就由助手捡起交给带头人。带头人则把它放在身前的任何位置上。参赛者必须灵活地用手或脚把沙袋拨给别人，且避免被捉。一人拿到拨来的小沙袋，其余的人就必须立即把他围起来（至少 3 个人）。围起来的人和拿小沙袋的人一起走到正方形中去。这时，带头人是不能捉他们的。在正方形里，当拿小沙袋的人把小沙袋掷给"俘虏"时，个人即从四方形中四处逃散。

若三角形里的"俘虏"超过了全体人数的一半，那就算带头人和他的助手获胜，否则就算对方胜利。

【比赛规则】

①三角形里除"俘虏"外，不准站其他人。每个圆圈只许站一人。站在小圆圈的人是安全的。

②带头人可捉住任何人。助手只能提手里拿着沙袋的人。

③拿走带头人身前的小沙袋的人，如果没有同伴把他围起来，或者围的人没有手牵手，那么带头人还是可以捉他的。

熟悉姓名

【参赛人数】

8～12人。

【比赛道具】

任意一种小球。

【比赛方法】

所有人组成一个松散的圆阵，做下列活动：

①用一只小球从排头开始，依次按逆时针方向传递，一边传一边大声地报出自己的姓名，直至传完一周。

②当你接到球后，必须喊出任意一个队员的姓名，然后把球扔给他。

③熟练后，用2个、3个球来做第二次练习。

④结束之前，请一名队员来到圆心，依次报出每名队员的姓名。

【比赛规则】

报不出两个以上姓名者为输。

中西礼仪

【参赛人数】

6～10人。

【比赛道具】

西式礼帽等。

【比赛方法】

所有选手来到台前成一列横队站好。主持人先讲解并示范中西方男女的礼仪。中国：男拱手为礼；女双手放于左腰上，行屈膝礼。西方：男摘帽，稍弯身；女两手拉裙屈膝。机敏测验开始，主持人走到任意一人面前，说声："您好！"并向他行礼，若行的是中国男子之礼，对方便要行西方女子之礼来答礼。若行中国女子之礼，则答西方男子之礼，反之亦然。

【比赛规则】

答礼人慌乱中做错，便退下场，最后剩下的，名次列前。

投篮进筐

【参赛人数】

*8～16*人，分为两队。

【比赛道具】

在地上画一条投掷线，其*5*米外布置一只箩筐，准备一只布口袋，内装*30*只网球或乒乓球，眼罩一个。

【比赛方法】

甲戴着眼罩站在线后，背对箩筐，在乙的语言提示下，不断调整出手的轻重、远近和左右，进行投球，直到投进三球为止，换下一人进行。等到每个人都体验过后，讨论一下体会。

【比赛规则】

各队以进球的多少定输赢。

请朋友

【参赛人数】

10 ～ 20 人。

【比赛道具】

大家围圈坐在椅子上，另加一只空椅子，主持人播放轻音乐。

【比赛方法】

比赛开始，空位两旁的人要拉着手跑到对面去邀请一个人，请他坐上空位置。于是，又出现了空位，旁边两人要继续拉手去邀请。

【比赛规则】

如此进行下去，进行一段时间后，音乐中断，空位旁的两人或来不及回座位的三人，则要表演一个小节目。

托排球

【参赛人数】

6 ～ 12 人，分成两队。

【比赛道具】

一个小队一只排球。

【比赛方法】

各队围成一个松散的圆阵，发给一只排球，发令后，开始托垫球，一边托垫一边大声喊出次数来。

【比赛规则】

如果失误了，必须立即拾起球再从头数起，在规定的 2 分钟时间内，托垫得多的队名次列前。

拉圈传棒

【参赛人数】

10～20人，分成两队。

【比赛道具】

接力棒。

【比赛方法】

背对圆心，手拉手成一圆圈。主持人发给排头一根接力棒，夹在下巴和脖颈之间，发令后，依次按逆时针方向传递，不得松手。

【比赛规则】

不慎掉棒必须趴倒在地，重新用规定的部位夹起，继续朝下传递，先完成三圈的队名次列前。

挤占轮胎

【参赛人数】

10～20人，分成两队。

【比赛道具】

充气轮胎。

【比赛方法】

各队发一个充满气的轮胎，开始前可讨论*3*分钟并尝试，正式开始时主持人发令，各小队迅速挤踩在轮胎上面，要求身体的任何部位都不得着地，看哪个队最快做到，并能坚持*2*分钟。人数不宜太少，轮胎上挤满人为宜。

【比赛规则】

有*1*人未上即为输。

108

架桥过河

【参赛人数】

30~50人，分为两队。

【比赛道具】

在地上画两条相距为*15*米的平行线，代表"小河"。这里以参赛*12*人为例，发给各小队*13*（比参赛人数多一只椅子）只椅子。

【比赛方法】

在起点线后分别排成一路纵队，人都站在椅子上。发令后，各队齐心协力把后面一只空余的椅子传到起点线前，*12*人依次向前移，再把后面空出来的椅子传到前面。如此连续挪椅移位前进。

【比赛规则】

人自始至终不能离开椅子，椅子之间不得有空隙，否则判为失足掉进"河里"，酌情扣分，安全到达彼岸（终点线）的队即可得分。

龙的传人

【参赛人数】

20~40人，分为两队。

【比赛道具】

郊外草地。

【比赛方法】

两个小队分别排成两路纵队，从队尾开始，一人仰面挺直身体倒下，纵队的人蹲下用双手将其托起，接着朝前移动，直至排头慢慢落下。大家依次都体验当龙和当珠被传递搬运的滋味。然后畅谈体会。

【比赛规则】

先完成者为赢。

夜　战

【参赛人数】

6～12人，分为两组。

【比赛道具】

眼罩、充气塑料大棒等。

【比赛方法】

比赛每次两人，戴上眼罩，手持充气塑料大棒，原地转三圈，然后在其同伴的引导下，寻到目标，用充气塑料大棒打击对方，每人有五次出击的机会，如果机会用尽只能躲闪，击中对方次数多的为胜。

【比赛规则】

出击机会用尽，不可再出击，否则判输。

蒙目抛小球

【参赛人数】

6～12人，分成两队。

【比赛道具】

眼罩、口袋、小球、水桶等。

【比赛方法】

参赛者戴上眼罩，手持一个口袋，内有小球24只，站在投掷线上背对水桶，在同伴的语言指引下，努力将小球投进水桶。

【比赛规则】

投进多者为胜。

默契握手

【参赛人数】

8 ~ 12 人。

【比赛道具】

眼罩。

【比赛方法】

每次两个人上场，戴好眼罩，两个人面对面，相距约 1 米，相互伸胳膊摸到对方的手，然后收回。接着原地转 3 圈，面对自认为同伴应该站立的位置，伸手握之。重新选择同伴，再做一次。体验一下第六感觉的存在。

【比赛规则】

不得私自摘下眼罩，不得用语言示意对方。

叫号跑

【参赛人数】

20 ~ 40 人，将各小队排成四列体操横队，四人为一队，按前后次序 1 ~ 4 编号。

【比赛道具】

操场或比较大的室内场所。

【比赛方法】

比赛开始，主持人发令，如喊"3 号"则各队的 3 号队员绕本队跑一圈，以最快完成的队伍为胜。

【比赛规则】

①用简单的心算题发令，如"5 － 2"，即为 3 号队员跑圈。

②先规定所做动作要求，再发令。例如："侧身跑，4 号"；也

可用单足跳、双足跳、倒着跑等。

③明确被叫到号的人，向前加速跑，跑至对面拍一下墙壁再返回，看谁反应快。也可规定用高抬腿跑、跨步跑、途中转身三周跑，还可令"某号背某号跑""某号与某号合作'推小车'前进5 米"等。时间大约 15 分钟。

发挥想象力

【参赛人数】

8 ～ 10 人。

【比赛道具】

用硬纸板准备一些圆形、三角形、长方形、四方形。

【比赛方法】

邀请若干队员上场，主持人给每人一个圆和一个长方形，请队员在一分钟内利用自己丰富的想象力进行发散性思维，尽可能多地说出这两个图形可组合成哪些物品。例如，圆和长条垂直放置就是一把伞，也可以把它看作是大饼和油条、笔记本和钢笔，还可以组合成篮球架、镜架、苍蝇拍……

【比赛规则】

以组合巧妙、合理、形象，让人觉得言之有理名次列前。

同心协力

【参赛人数】

20 人，分成两组。

【比赛道具】

排球 20 个。

【比赛方法】

组内每人双膝夹住一只排球站成纵队，后一人搭在前一人的肩上，排头双手叉腰。发令后，同心协力从起点跳跃前进并喊口令："一，二！一，二！……"至 15 米处的折返线后全体向后转，左手搭住前一人的右肩，排头左手叉腰，右手持球，大家一起喊有节奏的口令运球返回。

【比赛规则】

中途不能失球或队伍"散架"，如果失误了必须重做，先完成的小组获胜。

竞赛舞

【参赛人数】

6~18 人，每 3 人为一组。

【比赛道具】

音乐播放器。

【比赛方法】

由甲、乙、丙三人手拉手围成一个圆圈。音乐一响，第一、二个八拍：大家拍手，各小圈的甲用跑跳步，绕两周后回到原位。第三个八拍：甲、乙、丙胸前击掌两下，侧平举，与左右的人击掌两下，同时左脚侧开点一下地。第四个八拍：甲、乙、丙胸前击掌两下，身体前屈半蹲，双手拍自己的臀部两下。第五个八拍：甲、乙、丙手拉手，逆时针方向跑跳步一周。第六个八拍：边唱"嘿！嘿！嘿！"边用单足跺地三下，然后用手心手背法猜拳。如果三人全都一样，则仍由甲开始领跳；如果有一人与其他两人不同，则由他担任下一轮的领跳者。

【比赛规则】

音乐重复，重复前面的动作。在规定的时间内，整个过程完成次数多的小组获胜。

乘公共汽车

【参赛人数】

8～10人。

【比赛道具】

椅子、瓜皮帽、纸棒。

【比赛方法】

各队派一名选手来到台前，各坐在一把椅子上。主持人有表情地朗读一则小故事，要求参赛选手头戴一顶瓜皮帽扮演"小明"，听见"站"字坐下，听到"坐"站起来，谁做错就得挨一下站在其后面队员的纸棒，最后做错的次数最少者，还要回答几个关于文明礼貌的小问题，答得好的为优胜。

例如，有一次，小明和妹妹乘公共汽车。上车后，小明发现一个空座位，他丢下妹妹赶紧跑过去坐下。这时，过来一位老奶奶，她扶着拉手，站在小明身边。妹妹对小明说："哥哥，你看你，你坐着奶奶站着，多不好啊！你赶快站起来，让奶奶坐吧！"小明挨了批评，心里很不高兴，赌气说："你让我站着，我就偏不站，我要坐吗！"老奶奶听了笑笑说："没关系，你坐吧，我不坐。"妹妹站在小明身旁气得撅起了小嘴，说："你真不懂礼貌，我再也不愿站在你旁边了！"这时，汽车到站了，那位老奶奶下了车。望着老奶奶远去的身影，小明的心里很不是滋味，他觉得自己做错了，情不自禁地站起来，悄悄地离开了那个座位，嘴里自言自语地说：

"哎，怎么搞的，坐和站，站和坐，坐坐站站，站站坐坐，坐站坐站，站坐站坐，坐站站坐，站坐坐站，到底是站还是坐，今天我怎么糊涂了！"

【比赛规则】

做错达三次者为输，轮到下一个做。

请尝山楂片

【参赛人数】

人数不限。

【比赛道具】

山楂片。

【比赛方法】

主持人请队员放松站立，双手放在背后，各自把头仰起来，依次在他们的额头上放一片山楂，要求他们巧妙地改变头的位置，使山楂片移动，落进自己的嘴里，吃掉。一旦成功马上可以说："我成功了！"主持人便可马上再给他在额头上放一片。在规定的时间内，吃到山楂片多的获胜。

【比赛规则】

比赛过程中，不得用手移动山楂片。若中途山楂片掉在地上，必须重新开始。

倒跑比赛

【参赛人数】

人数不限。

【比赛道具】

接力棒。

【比赛方法】

（取4组第一名）每团体出4组，一组4人男女混合（1男3女，第一棒男队员）每人50米，要求拿上接力棒，传给下一个运动员。

【竞赛规则】

只能倒着跑，不准侧身跑。

串珍珠

【参赛人数】

8～10人，分为两队。

【比赛道具】

珍珠（算盘珠若干）、细铁丝（30厘米）、筷子。

【比赛方法】

比赛采用接力形式进行，每队第一人听到发令后，跑向终点处用筷子夹起珍珠串到细铁丝上跑回，第二个继续，最先串完珍珠的队获胜。

【比赛规则】

若中途珍珠掉落，必须返回起点重新开始。

海豚戏珠

【参赛人数】

男女各5人，分为两队。

【比赛道具】

呼啦圈、大网兜、排球、筐。

【比赛方法】

各队分别成一路纵队站在起跑线后，比赛开始，第一个人手拿排球向前跑，钻过两个呼啦圈到达终点将球投进筐内，然后再拿一球跑回起点交给第二个人，依次进行，直至队内成员全部完成。

【比赛规则】

胜者以筐内球数为准。

争分夺秒

【参赛人数】

8～16人，分为两队。

【比赛道具】

水桶、水杯、水瓶、水。

【比赛方法】

各队分别成一路纵队站在起跑线后，比赛开始后拿空水杯在水桶中盛满水后向前跑至折返点返回，在折返点将水杯中的水倒入空水瓶中，返回后水杯交给下一个人，依次进行。

【竞赛规则】

比赛时间3分钟，比赛结束以各队水瓶中水的多少判定名次，水多的队获胜。

脚夹球跳接力赛

【参赛人数】

20～24人，分为两队。

【比赛道具】

接力棒，软式排球。

【比赛方法】

把一个队平均分成A组和B组，两组相对站立，相距15米站成一路纵队，A组的第一人手拿接力棒，两脚夹一软式排球准备。

当听到信号后，以蛙跳方式跳向本队的 B 组的第一个人，同伴接棒后，采用同样方式跳向 A 组第二名队员，依次进行，以各队完成时间多少排定名次。

【比赛规则】

在跳的过程中，若球掉落，须在原地夹好后再继续跳进，否则判为失败。

球类沙龙

【参赛人数】

10 ～ 12 人，分成两队。

【比赛道具】

足球、篮球、排球、网球、毽球、乒乓球、塑料筐。

【竞赛方法】

各队分别成一路纵队站在起跑线后，起跑线前每隔 5 米放置一个筐，筐内依次放置足球、篮球、排球、网球、毽球、乒乓球。

【竞赛规则】

要求队员每经过一处要用颠、拍、垫、踢等方法击打相应的球类 5 次。比赛采用接力形式进行，先完成的队获胜。

大猩猩赛跑

【参赛人数】

10 ～ 20 人，分为两队。

【比赛道具】

软式排球。

【比赛方法】

各队分别成一路纵队站在起跑线后，第一个人用腹部夹紧软式排球做好准备，比赛开始，由第一个人开始向前跑出，绕过标志物跑回，将软式排球交给第二个人，依次进行，先完成的队获胜。

【比赛规则】

中途掉球者应重新夹紧球再比赛。

运沙包投篮

【参赛人数】

男女各6人，分成两队，各队男女人数相同。

【比赛道具】

沙包、纸篓。

【比赛方法】

各队分别成一路纵队站在起跑线后，排头两脚夹一沙包准备。比赛开始，采用双脚跳跃的动作出发，跳到15米远处时双脚夹着沙包起跳，将沙包投入纸篓跑回，依次进行，先完成的队获胜。

【比赛规则】

（1）只能用双脚投篮。

（2）每投进一球，总时间减掉二秒。

行路难

【参赛人数】

男女各12人，分成两队，各队男女人数相同。

【比赛道具】

体操棒。

【比赛方法】

每队分成两组，两组相对站立，相距15米站成一路纵队，排头将一体操棒放在两脚脚面上。比赛开始，用后脚跟着地向前行进，到对面将体操棒交给第一个人，依次进行，每人跑一次，先跑完的队获胜。

【比赛规则】

体操棒若中途掉下，须在原地拾起放好后再前进。

跳绳接力

【参赛人数】

男女各6人，分成两队，各队男女人数相同。

【比赛道具】

短绳。

【比赛方法】

各队分别成一路纵队站在起跑线后，比赛开始，第一个人手持短绳采用蹲姿跳绳的方式向前跳出绕过标志物跑回，将短绳交给第二个人，依次进行，先跑完的队获胜。

【比赛规则】

必须以蹲姿跳绳的动作绕过标志物，否则视为犯规。

夹球跑接力

【参赛人数】

10～16人，分成两队。

【比赛道具】

塑料筐、乒乓球、筷子。

【比赛方法】

各队分别成一路纵队站在起跑线后，比赛开始，第一个人跑向终点用筷子将一个乒乓球从塑料筐内夹出并跑回起点放入塑料筐内，将筷子交给第二个人，依次进行，先完成的队获胜。

【比赛规则】

球掉地上后须在原地将球夹起后再继续比赛。

足球射门

【参赛人数】

6～8人，分成两队。

【比赛道具】

小球门、水瓶子。

【比赛方法】

各队分别成一路纵队站在距球门 *6* 米远的限制线后。比赛开始，依次将球踢出，踢出的球不碰倒人墙（*10* 个水瓶）和守门员（*1* 个水瓶）计 *1* 分，每人踢 *3* 球，最后累计全队进球总数的多少判定名次。

【比赛规则】

球撞倒人墙或守门员不得分。

中华大地

【参赛人数】

男女各 *6* 人，分成两队，各队男女人数相同。

【比赛道具】

中国地图版块。

【比赛方法】

队员在起跑线站好，比赛开始，各队迅速跑到地图前，通过互相协作将打乱的地图板块安放到中国地图上，组装完毕，快速跑回，以最后一人跑过起跑线为比赛结束，用时少的队获胜。

【比赛规则】

一定要拼装正确，否则无效。

保龄球

【参赛人数】

8 ～ 10 人，分成两个小组。

【比赛道具】

网球，装有半瓶水的水瓶。

【比赛方法】

小组每个人有 2 次机会掷球（发球线距水瓶的距离为 10 米），从发球线开始滚动网球，砸中倒下的水瓶数量多的小组获胜。

【比赛规则】

一定要在发球线开始滚动网球，否则视为犯规。

火车赛跑

【参赛人数】

男女各 8 人，分成两队，各队男女人数相同。

【比赛道具】

平坦场地。

【比赛方法】

各队分别成一路纵队蹲下，后面队员将双于放在前面队员的肩上。比赛开始，全队同步双脚跳向前，以排尾通过终点线为比赛结束。

【比赛规则】

用时少的队获胜。

传球接力

【参赛人数】

男女各 *10* 人，分成两队，各队男女人数相同。

【比赛道具】

排球。

【比赛方法】

两队分别成成一路纵队，第·个人手持排球准备。比赛开始，第一个人用头上传球给第二个人，第二个人从胯下传给第三个人，依照此方法向后传递，传至排尾，排尾抱球跑回。

【竞赛规则】

一轮后先完成的队获胜。

二人三足跑

【参赛人数】

10 ～ 20 人，分成若干组。

【比赛道具】

绳带。

【竞赛方法】

参赛者并排站在起跑线后，用绳子将两个人的内侧腿捆好。比赛开始，两个人向前跑，以先到达终点者为胜。

【竞赛规则】

必须向前走跑，不得跳跃。

16. 游园趣味游戏项目推荐

套圈

用硬纸板做成数个小动物，小动物纸板后面支一个小木棍，使小动物能在地上立起来。用藤条或柳条做成数个圆圈。

游戏开始，把小动物交错地立在场地上。在距场地2米左右的地方画一条白线，作为起点线。游戏者手拿3个圆圈，站在起点线外向小动物套去，每套住一个小动物，得1分。也可用各种实物代替小动物，套中什么奖什么。

钓鱼

用硬纸板做成鱼状，嘴部安一小环。钓者在一定的距离外用钓钩将鱼钓起，多者为胜。也可根据钓鱼上钩的远近和难易程度给予一定的物质奖励。

钓瓶

备空酒瓶数只，用木杆作鱼竿，用一寸长的小细棍当鱼钩。游戏者用钓竿将瓶钓起，多者为胜，给予一定的物质奖励。

吹蜡烛

将3支蜡烛固定在桌子上，排成一条直线，间隔10厘米。在距离桌子2米处画一条白线。游戏者用毛巾蒙住眼睛，然后向桌子走去，走到自己认为可以吹灭蜡烛的地方为止（不能碰桌子），用力向前吹去，一次吹灭3支蜡烛者给予一定的物质奖励。

剪取奖品

在场地上挂起一根铁丝，在铁丝上挂上钢（铅）笔、糖果、小动物等一类的小奖品。在距铁丝 4～5 米处画一条白线。游戏者手持剪刀站在白线后。主持人将游戏者的眼睛蒙上，然后让他就地转一圈。待游戏者站稳后，向前走去，走到铁丝前停下来剪奖品。被剪中的奖品归游戏者所有。

点爆竹

用较高的木板遮住游戏者的视线，木板的前面用沙土铺平，插上一些小爆竹。游戏者坐在木板后面的小凳上，手持钓鱼竿，"鱼线"底部系一根点燃的香。游戏者将鱼竿伸过木板，用香点燃小爆竹。凡点燃 3 个以上爆竹者给予一定的物质奖励。注意比赛时应根据情况规定点燃时间。

坐椅子

选一处长 2 米，宽 2 米的正方形场地作为比赛场地。任选一角为起点，最后一个角则为终点。终点处放一把椅子。将游戏者的双眼用布蒙住，站在起点上。哨声一响，游戏者开始向前走 6 步，到第二个角时转弯再走 6 步，到第三个角时再转弯继续向前走 6 步，然后准确地坐在椅子上。坐到椅子上便得奖。注意：走向终点时不得碰到椅子，坐椅子时要慢，以防跌倒。

"探险家"

在地上用粉笔画出许多脚印，每个脚印画得要比鞋大一些，脚印间的距离不等，有的可以很远，有的可以很近。脚印要画向不同方向，使人不能顺利前进。参加游戏的"探险家"身背背包，戴上遮阳镜，一脚一脚按照脚印向前走去。走完 10 个以上脚印者得奖。凡有失去平衡而跌倒或踏在脚印外的地方均为失败。

青蛙跳水

3个饭碗"品"字形放在地上，饭碗里盛满水。每个参加游艺的人领5个乒乓球代表青蛙。在距离水碗2米的地方，向碗里投乒乓球。规定若有3只"青蛙"跳入水里，可获一等奖；两只"青蛙"跳入水里，可获二等奖。

争先看字

比赛时，两人为一组。主持人将写了一个字的方形纸（纸和字要大些）贴在两人的背上。游戏开始前，背上的字绝不能让对方看见。游戏进行时，每人将手背在后面，相互斗智，看谁能看见对方背上贴的字，先看到且说对是什么字的，为胜者。这个游戏也可以多组同时进行。

抢占山头

画一个正方形场地，四角各画一个圈。参加游戏者为5人，四角每个圈内站一人，场中间站一人。游戏时，指挥员发令"开始"，四角圈内人立即向邻近角跑去"占领山头"，即4人互换；中间一人则乘机抢占四角任一"山头"。未抢到的一人，站到场中，游戏继续进行。

攻守战

在地上画一个直径2米的圆圈，圈内分散放3～4个石子（石子不能太小；放置位置以圈外人伸手能拿到为限）。游戏者3人：圈内1人为守卫者；圈外2人为进攻者。主持人一声令下，进攻者可以从各个方向去拿圈内的小石子；守卫者则不准进攻者拿，以手拍打进攻者，被拍中者即被取消进攻资格。如小石子全部被进攻者取走，守卫者便失败。游戏时，注意守卫者和进攻者都不准越线出圈拍人或进圈取石子。

老虎与老鹰

在地上画一道中线，离中线两面各 50 米远的地方再各画一条线，线后面就作为"老虎"与"老鹰"的"家"。将游戏者分成人数相等的两队，确定哪队是"老虎"、哪队是"老鹰"。各队离中线一步排成横队，背对背站在线的两边，面向自己的"家"。主持人站在中线附近喊"老虎"或"老鹰"。每次喊时，两字之间稍停顿一下。喊到"老虎"时，"老鹰"队要立即向自己的"家"飞去，"老虎"队则要立即转身去追捕"老鹰"（被追捕的人被手拍到就算抓住）。尔后，由主持人统计被捕人数。接着，两队再站到原来的地方。如此进行 3 ～ 5 次，双方追捕的次数要相等。最后进行评比，哪个队在比赛中抓的人多，就算哪队获胜。

瞎子打锣

把一面铜锣挂在离地 1.5 米的空中。游戏者手拿锣槌，站在离锣 5 ～ 6 米远的地方，蒙上眼睛，由管理员领他就地旋转两圈，再让他面对铜锣，叫他向目标走去。前进过程中别人不得为他提示方向。游戏者预测距铜锣的距离，不准用手摸锣，一次能敲响铜锣者就算优胜。或可事先在铜锣中心用粉笔涂出一个比一元硬币略大的圆块，游戏者击中圆块可得大奖。

贴鼻子

架子上画着人或动物像，鼻子部位则仅画虚线。蒙上游戏者的眼睛，手持"鼻子"纸片，在规定的地点走至画前，再在原地转几圈。以第一次贴中鼻子者为胜。

127

推气球

在地上画长 3 米，宽 2 米的界线，将这条界线分成 3 个 1 米长的格子，规定最近一格的数字是 1 分、中间一格是 3 分、最远一格是 6 分。每人拿 3 个气球，站在距离界线 4 米远的地方，用推铅球的姿势将它推到格子里去。获 2～5 分的得三等奖，6～9 分的得二等奖，10～14 分的得头等奖，15 分以上的得特等奖。

击球入杯

在桌子上放 3 个玻璃杯，并拢在一起，与游戏者成一直行。在距桌子 1 米处画一条横线，游戏者站在横线后面 1 米处。预备 5 个乒乓球、一块球拍。游戏时，每次一人参加。游戏者右手拿拍，左手持球。左手抛起一个球来，右手像平常打乒乓球那样拿拍，将球向桌上的杯子拍去。5 个球能先后拍 3 个进玻璃杯，便得奖。

这个游戏也可以几个人一块比赛，每个人可拍 1～3 次（每次 5 个球），拍进一个球得 3 分。如果球是在桌上跳一下，再跳进玻璃杯的，得 2 分。最后以总分排定名次。

竞走

此游戏有多种玩法：

①参赛者站在起点线上，两脚并拢，脚踝骨夹着一张折起来的报纸。哨声一响，向终点跳去，然后再转回来。跳得快而报纸没掉者为胜。

②每人头上顶一个苹果，从起点到终点，再转回来。走得快且苹果没掉者为胜。

③两人组成一对，面对面，用右手紧紧握住对方抬起来的脚。比赛开始，每对参赛者都用独脚侧身向对面跳去，再跳回原处。

跳得快且没撒手或没摔倒的一对获胜。

越过障碍

桌子一张，乒乓球一个，铁丝圈一个（大小与乒乓球相同）。铁丝圈放在桌子的一端，用绳子系住，绳的另一端放在桌子的另一端，乒乓球放在铁丝圈上面；桌上放一些障碍物（在绳子下面），如扳手、螺丝刀、木条等。游戏者站在桌子上有绳头的一端，用一只手握住绳头，慢慢地将乒乓球拉过来。能通过障碍且乒乓球不落下即算获胜。

夹球赛跑

准备两只球（篮球、排球均可）。在场地的两端各画一条线，作为起点和终点，中间相距 8 米。两名游戏者背对背将球夹在背中间。比赛开始后，夹球者从起点向终点横着跑去，再从终点返回起点，球不可掉落。以速度快的一组获奖。

盲人投篮

在地上画 3 个同心圆，直径分别为 1 米、2 米、3 米。圆圈分 3 个数字 10、5、3：圆圈越小、数字越大。游戏者站在最小的圆圈内，手拿一只球，蒙上眼睛，向任意方向走 8 步；接着向后转，仍旧走 8 步，再把小皮球放在地上，得分按圆圈内标的数字计算。如果来回方向离得太远，把皮球放在最大圈外，那么要给他扣去 5 分。先达到规定分数（如 50 分），或者在一定时间（如 3 分钟）内得分最多的人，便为优胜者。

扎尾巴

在一张硬纸板上画一只松鼠，尾巴高高地翘起。再将松鼠挂在墙上，距离地面 1.5 米左右。游戏者站在距硬纸板 3 米远的地方，手拿大头针，对准松鼠尾巴瞄好，然后用眼罩蒙住眼睛，照着自己瞄好的地方走去，用大头针去扎松鼠的尾巴。扎中者获奖品一份。

飞环套棒

在场地中央立一木棒（或竹竿），在离木棒 3 米处画一条横线。游戏者手持 6 米长的细绳，绳端系上直径 3 厘米的铁环上。游戏开始，游戏者手拉细绳用铁环套木棒，连套 5 次。套中得越多，奖级也就越高。

跳烛

在长 10 米的一条直线上点燃 10 支蜡烛，烛间相距 1 米。游戏者绕着蜡烛双脚并跳呈 S 形前进。在两分钟内跳完且蜡烛不灭者得奖。

球击猫头鹰

画一只大大的猫头鹰，粘贴在三合板上，猫头鹰的眼睛要一只睁、一只闭。工作人员将睁着的一只眼睛用剪刀挖空。准备若干个乒乓球。在距猫头鹰 2 米处画一条横线作为起点线。游戏开始，游戏者站在横线后面，手拿 5 个乒乓球投向猫头鹰睁着（即被挖空了）的眼睛。投中球越多，奖级越高。

盲人踢球

在场地上放置一个足球，在距足球数米处（视场地面积定）画一横线。游戏者背对足球站在横线后用眼罩把眼睛蒙上。游戏开始，游戏者向后转前进踢球。踢中者得奖，踢出 20 米以外者得大奖。

气球投篮

准备数只气球、数只纸篓。将纸篓放在凳子上，在距凳子 2 米处划一条横线，作为起点线。游戏开始，游戏者站在起点线外，向纸篓中投气球，每人投 3 只气球。3 只气球全部投中者得奖。

巧吹乒乓球

在一张桌子上放两个小碗，两个碗相距 30 厘米，其中一个碗中放入一个乒乓球。游戏者站在离碗 50 厘米处吹乒乓球，使其落入另一个碗中。吹入者得奖。

鱼钓鱼

用小木棍或小块木板做成 12 条鱼，分别编上 1、2、3、4 这四个号码，每个号码有 3 条鱼，各涂一种颜色。在 1 号和 2 号木鱼的嘴和尾部都装一个铁丝钩，3 号和 4 号鱼只在嘴部装一个钩子，分四组放在地上。再制 4 根 1 米长的竹竿，竿头系一根 0.3 米长的铁丝（要直），下面弯成鱼钩形。游戏者 4 人，每人拿一钓竿，站在离鱼 1.5 米处，先钓 1 号鱼，再用 1 号鱼的尾钩去钓 2 号鱼，用 2 号鱼的尾钩钓 3 号鱼，最后用 3 号鱼钓 4 号鱼。能以最快速度钓起 4 条鱼者得胜。

人套人

用厚纸做 3～5 顶高的尖帽子，帽尖上分别涂上各种颜色，并画上花纹。另外用藤或竹做若干个直径约 7 厘米的套圈。游戏者 3～5 人，每人戴上 1 顶尖帽子，手拿 5 个套圈，向其他人的尖帽子上套，一边套别人，一边又要防止被别人套中。套圈扔出后若落在地上，不允许捡起再套，每落在地上一个圈扣 1 分。每套中 1 个圈得 1 分。以分高者为胜。为使游戏紧张又活泼，可伴放音乐或敲锣打鼓。

抛毽子

用粉笔在地上先画一个直径 8 寸的小圆圈，再画一个直径 2

米的同心大圆圈，把大圆圈分为 6 个相等的部分，标上不同的分数，如 50、15、30、5、40、10 分等，中间标上 100 分。游戏者站在距大圆圈 4 米以外的地方，向分数圈抛毽子，压线作废。每人限投 2 次。以得分最多的为获胜者。

荡篮投球

准备 1 个篮子、3 只小皮球、1 条绳子。绳子一头系在篮子的环柄上，一头吊在树上（篮子离地不得超过 1 米）。游戏时，由主持人推动篮子，使它来回摇荡。游戏者站在离篮子 2 米外的地方，手拿 3 只皮球，一只只向篮里投去。以投中多的为获胜者。

走九曲桥

在平地上用粉笔画 9 个曲折的长桥。要注意桥身的宽度最低 2 米，每段弯曲要相当，距离不要太大。游戏者看清楚九曲桥的长度、宽度后，在桥的一端，蒙好眼睛，向前走去。假如脚踩在线上，仍可让他继续行走；若走到了线外，就算跌进了"河里"，主持人就要让游戏者停止前进。通过曲数越多，奖级越高。

夹珠子

在 5 只普通玻璃茶杯中装半杯水，每只杯里放 10 粒珠子。再备 5 双普通筷子和 5 只空容器（碗、碟或盘子）。游戏者用筷子把杯里的珠子夹起，放到空容器内。在主持人发出"开始"的口令后 1 分钟内，谁夹出的珠子多，谁便获奖。

注意：比赛时玻璃杯和空容器之间应有一定距离；珠子掉了需要重新把珠子放入杯中，从头开始。

摸弹珠

备红、绿、白色弹珠各 10 粒放入一只小布袋中，袋口缝有松

132

紧带。主持人将各色弹珠混合在一起,让游戏者的手伸进布袋里摸,一次摸出 5 粒弹珠。以摸出的弹珠同一颜色多者为胜。

捉贴子

把游戏者分成人数相等的几队。准备 5 个小沙袋。游戏者将 5 个小沙袋握于右手,用食指和拇指扣住其中一个,然后把其余 4 个放在桌面上。接着把留在手中的沙袋向上抛出,迅速捉起桌上合适的 1 个沙袋并接住落下的 1 个沙袋。以下用同样的方法抛、捉、接,直至桌上沙袋全数捉在手中为一轮。第二轮为一次捉 2 只沙袋,第三轮为一次捉 4 只沙袋。如捉完三轮不失误,则继续从第一轮开始捉。若其间有失误,或多捉、少捉及触动相邻沙袋则换第二个人做。完成轮次多者获胜。

击球出圈

在场地上画一条起投线。距起投线 4 ～ 5 米处,画一个直径 30 厘米的圆圈,圈内放一只排球,另准备沙袋 5 个。游戏者站在起投线后,用沙袋投击排球(必须过肩投掷)。击球出圈外者得 1 分,击不中或击中却未出圈外不得分。最后以得分定名次。

识别方向

在场地上画 4 个同心圆,直径分别为 1 米、2 米、3 米、4 米。从中间的圆开始,依次标上 4 分、3 分、2 分、1 分。参加游戏者蒙住眼睛,手持木块站到圆心位置上。发令后,游戏者向任意方向走 8 步停下,在原地转 3 圈,然后凭判断返回原地,把手中木块放在地上。木块放在哪个圈,就打几分。最后以总分定胜负。

打坦克

在场地上画一条起投线。距起投线 10 米处画一条与起投线平行的线。另备铁环一只（代表坦克轮）、沙袋若干个（代表反坦克手雷）。游戏开始，游戏者手持一个沙袋，站在起投线后。另选两个滚圈人，相距 4 米，面对面分别站在两条线的一端。主持人发令后，滚圈人互相沿端线来回滚圈，投手瞄准活动圈投掷，沙袋如从活动圈中穿过即得 1 分。每人投 5 次，计总分决胜负。

自行车慢骑赛

骑自行车的人排在起跑线后，按照统一口令，沿着 30 ～ 40 米长的车道向终点前进，车道宽约 1 米。途中脚不触地而最后到达终点者，即骑车最慢的人获胜。

步调不一致

参加人数不限，一次以 15 人为宜，排成一列。主持人向他们发布如下口令：向左转、向右转、向后转、前进、立定等。而游戏者必须向口令的相反方向转。例如：主持人喊向左转，游戏者则应向右转；主持人喊前进，游戏者则后退。如果按照主持人的口令转则罚下场，最后一个人获大奖。

园中觅宝

在游园开始前，将写有各种奖品名称的纸条藏于游园会场的砖石、树杈等处。游戏者可以整个园中四处寻觅，如寻到了"宝藏"应及时到领奖处领奖。每寻得一宝，游园广播站便要通过小广播告知所有的游园群众，并提供一些线索，把尚未寻得的"宝藏"公布出来，以激发游戏者的兴趣，提高他们寻宝的信心。最后一个觅得"宝藏"的人不仅可以得到纸条上所标注的所有奖品，而且向其颁发特别奖。

17. 游园趣味谜语竞猜推荐

"无中生有"谜语

"无中生有"谜语，即谜面为一张或数张空白无字的纸，没有写一个字的谜语。

这类无字的谜语乍看上去，似乎令人很难下手，其实只要我们摸准它的诀窍，从"空""白""无"等方面去联想，便会很容易猜出谜底。

例如：一张空白的纸条，打《西游记》中一人物，谜底则为"悟空"；打一食品名，谜底就是"光面"；用粉颈格（即谜底第二字为谐音字）打一中药名，谜底为"白芷"（纸）。

又如：两张空白纸条，打唐诗《长恨歌》中的一句，谜底为"两处茫茫皆不见"；七张空白纸条，打一字，谜底则是"皂"字。

除白纸的无字灯谜外，另有使用颜色纸的无文谜。曾有人以一张空白的红纸条，打一中药名，谜底为"一片丹"。

"金蝉脱壳"谜语

这类谜语运用了谜底中文字互相抵消的办法，使得谜底和谜面相互关联。

如"坰"（打两个花卉名），谜底为"牡丹、牵牛"，牡丹去掉牛即成"坰"字了。

这类"金蝉脱壳"的谜语有个特点，那就是其谜底中必定隐藏着"无""少""去""空""失""没"等表示抵消的字和词，只要我们掌握了这个特点，猜起来就容易得多。例如，"妇女解放翻了身"（打两个中药名），谜底是"山药、没药"。"山药"之中没有"药"字，恰成"山"字，以扣谜面（"妇"里"女"字解放，再翻个身即为"山"）。

"金蝉脱壳"的方法当然不只限于在谜底之中使用，谜面上也可以使用。例如，"大油田出油"（打一字），谜底是"奋"。谜面五个字中"油、出油"互相消除，仅有"大田"来组成"奋"字。这种谜语颇似"明修栈道，暗渡陈仓"，谜味盎然，煞是有趣。

"欲擒故纵"谜语

针对这类谜语，在谜面上通常罗列人们习惯组合在一起的词句，却故意将其中的一个漏写，"卖"个破绽，看猜者能否觉察。

例如有一谜语："金、银、铜、铁"（打我国一地名），谜底为"无锡"。这类谜语若从字面上理解，无法猜到。若从俗称"金、银、铜、铁、锡"为"五金"上想，就会发现漏了个"锡"，"无锡"就猜出了。这类谜语的一个共同特点，是在一些约定俗成的同类词排比罗列时漏去其中一个，因此就要当心谜面中有没有"故纵"的字眼，如有的话，紧追漏词不放，细加琢磨，准能猜中。

例如，谜面是"红、橙、绿、蓝、紫"（打一成语），我们就只有从"光谱"中的七种颜色去猜了。列举了五种，尚缺"青黄"二色，从这上面想去，谜底便不难猜出了，是"青黄不接"。

还有在常用的数字中漏去一字的，如"壹、贰、叁、肆、伍、陆、柒、捌、玖"（打中国一古典小说）。请注意这里都是大写的数字，中间遗忘了个"拾"，谜底当是"拾遗记"。

有人还将数学符号拉来人谜。如"+—+"（徐妃格）（打一作家名），谜底是"艾芜"，即去掉偏旁部首，以"×元"相加，此谜另辟蹊径，饶有风味。

当然，有时候作者漏掉几个词，就需要特别留心，从谜面上搜索，勿被瞒过。

猜这类谜语还有一个诀窍，就是这些谜语的谜底中总离不开表示没有（如无、少、缺、欠、遗、失等）意义的字，将谜面中漏去的词再加上上述的字，就是你猜的谜底了。

"抛砖引玉"谜语

这类谜语是面底互应，承上启下，而不是会意体，往往对诗词类较适合，往往是写出一些名句的上句，要猜的人依此推出下句的含义，再思索成谜底。

如用李白《赠汪伦》中的"桃花潭水深千尺"打一成语，谜底是"无与伦比"。因该诗下句是"不及汪伦送我情"，以再没有比汪伦对我的情深的意思，烘托出谜底。

除诗外，用词的也常有之。以李清照的《如梦令·昨夜雨疏风骤》句"试问卷帘人"为谜面，打一纺织品名，谜底是"花呢"。这词从下半阕的词意中，我们获知作者在问卷帘人庭院之花怎样了？所以这里的谜底应理解为疑问口气"花呢？"

猜这类"承上启下"的谜语，就要求猜谜者熟读古典诗词，见此及彼，得心应手地解开谜底。

又如："白日依山尽"为面（打我国一足球名将），下句定为

"黄河入海流"，正是"黄向东"之意，谜底就猜出来了。

"瞒天过海"谜语

这类谜语是将字、物换成不同的角度后而成谜面。

如：把"夫"写颠倒为"￥"（打一曲艺形式），谜底为"二人转"。这个"转"字活化出谜面的神态，有趣极了。

根据"辗转反侧"的程度不同，我们可得出不同谜底来：如"X"（打一京剧名），因为它是个"十"字倾如斜坡，故谜底当是"十字坡"。

由于这种谜是将谜面上的字故意"辗转反侧"，因此谜底总离不开"倒""颠""反""转""侧""歪""斜"等意义，如果我们明确了这一点，猜起这类谜语来就八九不离十了。

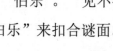

"迷魂阵"谜语

此类谜语往往加注有迷惑人的说明：如在谜面旁加注一些诸如"此谜出丑""此谜见不得人""此谜请勿见笑"等自谦之词，或加注鼓励和自诩的词或话语，千万别以为这是出谜者虚怀若谷，须知这正是在故布疑阵，切莫被其迷惑。因此，我们猜谜的时候，尚需将这些自谦、鼓励之词也算作谜面的一个组成部分去动脑筋，才有可能猜中谜底。

如："空欢喜"（打一战国人名）注有"此谜见不得人"，谜底为"伯乐"。"见不得人"，即是将谜底中"伯"去掉"人"，剩下"白乐"来扣合谜面。

添有鼓励字眼的。

如："一伙懒汉"（打一成语）注有"此谜用心便能猜中"，谜底为"各不相干"。"用心便能猜中"意为用上一个心字,此谜便迎刃而解了,使谜底从"各不相干"变成"各不想干",不正是谜面"一伙懒汉"的写照吗?这种不露痕迹的鼓励话,也不能忽视。

加注自诩词乍看之下,好像制谜者在用"激将法"向猜谜者挑战,其实这也是"迷魂阵",也应该将这些自诩词作为谜面的一个组成部分,去推敲出谜底来。

如:"陕西姑娘"(打一词牌名),注有"此谜休想猜出",谜底是"忆秦娥"。"休想猜出"四字是交代不要"想"(即"忆"字)才能猜出,就留下"秦娥"来紧扣"陕西姑娘"谜面了。

任凭制谜者怎样巧设疑阵,只要我们懂得附加的字句皆为谜面不可分割的一部分,据此细加思索,这些迷阵是不难被破掉的。

"连环计"谜语

即字词或物重写或重放置。

如:"爸爸"(打一清代著名学者名),谜底是"严复"。爸即为家严,"爸爸"二字为严复。

"叠字谜"大多在谜底中隐藏着数字,而这个数字与谜面叠字的多少有关,只要掌握这个关键,破谜也就不难了。

如:"泳泳泳泳泳泳"(打一宋代诗人名),谜底为"陆游"。

但"叠字谜"并不是千篇一律的,如果让谜面来个转折,那么就显得有趣曲折了。

如:"袭袭袭袭袭袭袭袭袭袭袭袭"(打一京剧名)。十二个袭要看做一"打",袭字即龙衣,故而谜底是"打龙袍"。

人物类谜语

大热天吃雪糕。（打一现代名人）

（谜底：冰心）

川币。（打一现代名人）

（谜底：巴金）

绿化北京城。（打一名著人物）

（谜底：燕青）

黑棋输了。（打一名著人物）

（谜底：白胜）

正是寒风凛冽时。（打一名著人物）

（谜底：方腊）

疏于练功。（打一名著人物）

（谜底：武松）

春秋半部，日月同辉。（打一名著人物）

（谜底：秦明）

五颜六色红为尊。（打一名著人物）

（谜底：朱贵）

孔雀收屏。（打一名著人物）

（谜底：关羽）

凿壁借光。（打一名著人物）

（谜底：孔明）

四面屯粮。（打一名著人物）

（谜底：周仓）

普降甘霖。（打一名著人物绰号）

（谜底：及时雨）

僧穿彩衣。（打一名著人物绰号）

（谜底：花和尚）

单刀赴会。（打一名著人物）

（谜底：关胜）

询问年龄。（打一历史人物）

（谜底：盘庚）

劳动竞赛。（打一历史人物）

（谜底：比干）

忽然痊愈。（打一历史人物）

（谜底：霍去病）

爷爷打先锋。（打一历史人物）

（谜底：祖冲之）

和尚代表团。（打一历史人物）

（谜底：僧一行）

禁止放羊。（打一历史人物）

（谜底：杜牧）

读完小学进中学。（打一中国古代科学家）

（谜底：毕升）

挟泰山以越北海。（打一历史人物）

（谜底：岳飞）

大地旅行。（打一历史人物）

（谜底：陆游）

住屋免交租金。（打一古代作家）

（谜底：白居易）

千里驹长跑。（打一古代词作家）

（谜底：马致远）

按时上工。（打一中国古代历史人物）

（谜底：班固）

报捷。（打一中国古代历史人物）

（谜底：陈胜）

唐代通宝。（打一中国古代历史人物）

（谜底：李时珍）

原来很牢固。（打一历史人物）

（谜底：曾巩）

踏雪寻梅。（打一名著人物）

（谜底：探春）

辞岁之后。（打一名著人物）

（谜底：迎春）

地理类谜语

双喜临门。（打一地名）

（谜底：重庆）

一路平安。（打一地名）

（谜底：旅顺）

倾盆大雨。（打一地名）

（谜底：天水）

银河渡口。（打一地名）

（谜底：天津）

宝树丛丛。（打一地名）

（谜底：吉林）

东南北。（打一地名）

（谜底：西藏）

相差无几。（打一地名）

（谜底：大同）

船出长江口。（打一地名）

（谜底：上海）

江淮河汉。（打一地名）

（谜底：四川）

四季温暖。（打一地名）

（谜底：长春）

带枪的男人。（打一地名）

（谜底：武汉）

风平浪静。（打一地名）

（谜底：宁波）

春水碧如蓝。（打一地名）

（谜底：青海）

永不动乱。（打一地名）

（谜底：长治）

觉醒了的土地。（打一地名）

（谜底：苏州）

春城无处不飞花。（打一地名）

（谜底：锦州）

花满海湾。（打一地名）

（谜底：香港）

两个山头。（打一地名）

（谜底：双峰）

水陆要塞。（打一地名）

（谜底：山海关）

食盐增产。（打一地名）

（谜底：咸丰）

黄河解冻。（打一地名）

（谜底：江苏）

红山（打一地名）

（谜底：赤峰）

大家都笑你。（打一地名）

（谜底：齐齐哈尔）

夸夸其谈。（打一地名）

（谜底：海口）

不冷不热的地方。（打一地名）

（谜底：温州）

日近黄昏。（打一地名）

（谜底：洛阳）

拆信。（打一地名）

（谜底：开封）

刚建成的村庄。（打一地名）

（谜底：新乡）

东、西、北三面堵塞。（打一地名）

（谜底：南通）

八月飘香香满园。（打一地名）

（谜底：桂林）

千里戈壁。（打一地名）

（谜底：长沙）

空中码头。（打一地名）

（谜底：连云港）

快乐之地。（打一地名）

（谜底：福州）

泰山之南。（打一地名）

（谜底：岳阳）

珍珠港。（打一地名）

（谜底：蚌埠）

烽火哨。（打一地名）

（谜底：烟台）

地名类谜语

大江东去。（打一中国地名）

（谜底：上海）

永久太平。（打一中国地名）

（谜底：长安）

兵强马壮。（打一中国地名）

（谜底：武昌）

重男轻女。（打一中国地名）

（谜底：贵阳）

金银铜铁。（打一中国地名）

（谜底：无锡）

东方有战事。（打一中国地名）

（谜底：西安）

滚滚江水。（打一中国地名）

（谜底：热河）

航空信。（打一中国地名）

（谜底：高邮）

空中霸王。（打一中国台湾地名）

（谜底：高雄）

万事太平。（打一中国台湾地名）

（谜底：永和）

风光明媚。（打一中国台湾地名）

（谜底：景美）

学府之地。（打一中国台湾地名）

（谜底：士林）

饮水思源。（打一中国台湾地名）

（谜底：知本）

怀胎十月。（打一中国台湾地名）

（谜底：大肚）

开张大吉。（打一中国台湾地名）

（谜底：新店）

初次开业。（打一中国台湾地名）

（谜底：新营）

笋。（打一中国台湾地名）

（谜底：新竹）

玉皇太后。（打一中国台湾地名）

（谜底：天母）

直上九重天。（打一中国台湾地名）

（谜底：通宵）

山在虚无缥缈间。（打一中国台湾地名）

（谜底：雾峰）

四季长青。（打一中国台湾地名）

（谜底：恒春）

百姓威武。（打一中国台湾地名）

（谜底：民雄）

举头望明月。（打一缅甸地名）

（谜底：仰光）

仙人所居。（打一日本地名）

（谜底：神户）

147

约在清晨。（打一国家名）

（谜底：约旦）

尘土落满身。（打一国家名）

（谜底：埃及）

志在发财。（打一国家名）

（谜底：意大利）

动脑发财。（打一国家名）

（谜底：智利）

字词类谜语

休要丢人现眼。（打一字）

（谜底：相）

书香门第。（打一字）

（谜底：闽）

镜中人。（打一字）

（谜底：入）

元旦。（打一字）

（谜底：明）

平均地权。（打一字）

（谜底：坐）

我没有他有，天没有地有。（打一字）

（谜底：也）

观不见有鸟飞来。（打一字）

（谜底：鸡）

拱手让人。（打一字）

（谜底：供）

十日谈。（打一字）

（谜底：询）

没有钱。（打一字）

（谜底：钦）

打断念头。（打一字）

（谜底：心）

半推半就。（打一字）

（谜底：掠）

再见。（打一字）

（谜底：扮）

手无寸铁。（打一字）

（谜底：控）

日落香残，洗却凡心一点。（打一字）

（谜底：秃）

火尽炉冷，平添意马心猿。（打一字）

（谜底：驴）

人无信不立。（打一字）

（谜底：言）

飞砂走石。（打一字）

（谜底：少）

九泉之地。（打一字）

（谜底：块）

三口重重叠，莫把品字猜。（打一字）

（谜底：目）

真心相伴。（打一字）

（谜底：慎）

付出爱心。（打一字）

（谜底：受）

心香飘失，闻香无门。（打一字）

（谜底：声）

学子远去，又见归来。（打一字）

（谜底：觉）

部位相反。（打一字）

（谜底：陪）

阎罗王。（打一字）

（谜底：瑰）

太阳王。（打一字）

（谜底：旺）

四退八进一。（打一字）

（谜底：日）

孔子登山。（打一字）

（谜底：岳）

刀出鞘。（打一字）

（谜底：力）

龙袍。（打一字）

（谜底：裙）

大口多一点。（打一字）

（谜底：吠）

因小失大。（打一字）

（谜底：口）

独窗花下人，有情却无心。（打一字）

（谜底：倩）

日复一日。（打一字）

（谜底：昌）

一夜又一夜。（打一字）

（谜底：多）

人我不分。（打一字）

（谜底：俄）

连体婴。（打一字）

（谜底：夫）

十女同耕半边田。（打一字）

（谜底：妻）

算命先生。（打一字）

（谜底：仆）

徒弟。（打一字）

（谜底：们）

成语类谜语

百花齐放。（打一成语）

（谜底：万紫千红）

足不离松土。（打一成语）

（谜底：脚踏实地）

五句话。（打一成语）

（谜底：三言两语）

弃文就武。（打一成语）

（谜底：投笔从戎）

品。（打一成语）

（谜底：三缄其口）

上林垂钓。（打一成语）

（谜底：缘木求鱼）

四。（打一成语）

（谜底：欲罢不能）

静候送礼人。（打一成语）

（谜底：待人接物）

空袭警报。（打一成语）

（谜底：一鸣惊人）

动物做标本。（打一成语）

（谜底：装模作样）

鱼尾纹。（打一成语）

（谜底：近在眉睫）

掠。（打一成语）

（谜底：半推半就）

反刍。（打一成语）

（谜底：吞吞吐吐）

寸步不离。（打一成语）

（谜底：如影随形）

铁公鸡。（打一成语）

（谜底：一毛不拔）

顺航。（打一成语）

（谜底：一路平安）

百米赛跑。（打一成语）

（谜底：争先恐后）

哑巴吵架。（打一成语）

（谜底：有口难言）

门庭若市。（打一成语）

（谜底：车水马龙）

三十六计皆用尽。（打一成语）

（谜底：无计可施）

坐收渔翁之利。（打一成语）

（谜底：不劳而获）

杀鸡取蛋。（打一成语）

（谜底：得不偿失）

爬楼梯。（打一成语）

（谜底：步步高升）

蛀书虫。（打一成语）

（谜底：咬文嚼字）

言多心失。（打一成语）

（谜底：祸从口出）

喜获双胞胎。（打一成语）

（谜底：一举两得）

万年青。（打一成语）

（谜底：长生不老）

孕妇过独木桥。（打一成语）

（谜底：挺而走险）

只骗中年人。（打一成语）

（谜底：童叟无欺）

九千九百九十九。（打一成语）

（谜底：万无一失）

细菌开会。（打一成语）

（谜底：无微不至）

心无二用。（打一成语）

（谜底：一心一意）

导游。（打一成语）

（谜底：引人入胜）

律师贪污。（打一成语）

（谜底：知法犯法）

阎王爷写日记。（打一成语）

（谜底：鬼话连篇）

潜艇攻击。（打一成语）

（谜底：沉着应战）

哥哥怕弟弟。（打一成语）

（谜底：后生可畏）

卷。（打一成语）

（谜底：手不释卷）

姜太公钓鱼。（打一俗语）

（谜底：愿者上钩）

泥菩萨过江。（打一俗语）

（谜底：自身难保）

肉包子打狗。（打一俗语）

（谜底：有去无回）

狗拿耗子。（打一俗语）

（谜底：多管闲事）

螃蟹过河。（打一俗语）

（谜底：七手八脚）

事物类谜语

姊妹排排，露水飘飘，黄带捆腰。（打一劳动形式）

（谜底：拔秧）

上层人露身不开口，下层人开口不露身。（打一文艺形式）

（谜底：木偶戏）

面朝泥水背朝天，手执仙花水面点，由青变黄生珠粒，由黄变白可卖钱。（打一劳动形式）

（谜底：插秧）

铁底铁面，泥底泥面，将军把舵，一对蜡烛向前。（打一劳动形式）

（谜底：犁田）

黄河一道沟，沟里水不流，拉纤的说肚子饿了，掌舵的说饭还没有熟。（打一劳动形式）

（谜底：碾米）

一只大狗，站着不走，

吃了羊毛，会撒黑豆。（打一劳动形式）

（谜底：轧棉）

白狗上炕，越打越胖。（打一劳动形式）

（谜底：弹棉）

小小白玲珑，爬山过岭制衣裳，

穿得衣裳来洗浴，洗得浴来脱衣裳。（打一劳动形式）

（谜底：漂丝）

四角方方，皮纸糊窗，戳出金鸡，飞出凤凰。（打一手工工艺）

（谜底：刺绣）

身穿绿袍太清闲，月娥小姐关暗房，

三娘挑水去浇花，生尾脱壳众人尝。（打一制菜工艺）

（谜底：孵绿豆牙）

四条木柱起高楼，百万将军在里头，

但得姑娘送饮料，百万将军抬起头。（打一农业养殖）

（谜底：饲蚕）

小小一座紫禁城，千兵万马守城门，

有朝一日强人至，劫尽粮草无半分。（打一农业养殖）

（谜底：取蜜）

五指领兵到长沙，长沙兵马乱如麻，

炮火闪闪打一仗，个个累得张嘴巴。（打一烹调现象）

（谜底：炒豆）

白面书生进考场，点着红烛挑文章，

文章挑得个个好，未知哪个先出场。（打一动物现象）

（谜底：孵鸡）

妈妈有眼，爸爸有眼，

养下儿子没有眼，吓得妈妈乱叫喊。（打一动物现象）

（谜底：鸡下蛋）

远看太公钓鱼，近看安丹送米，

去时王乐操练，回来韩信点兵。（打一生活现象）

（谜底：放鸭）

手提长枪，肩背药箱，

只道是走方郎中，岂知是送命先生。（打一生活现象）

（谜底：叉鱼）

竹家与线家结亲，铁家戳杀蚯家人，

胡子来通信，鱼家来抵命。（打一生活现象）

（谜底：钓鱼）

157

自然类谜语

一个勤俭老公公，天一明亮就上工，

有朝一日不上工，不是下雨就刮风。（打一自然物）

（谜底：太阳）

有时落在山腰，有时挂在树梢，

有时像面圆镜，有时像把镰刀。（打一自然物）

（谜底：月亮）

金圆盒，银圆盒，满天下只有两个。（打一自然物）

（谜底：日和月）

青石板，板石青，青石板上钉银钉。（打一自然物）

（谜底：星星）

一只老鸡，引一群小鸡，

晚上从门前过，天明不见一个。（打一自然物）

（谜底：月和星）

水皱眉，树摇头，花儿见它鞠躬，云儿见它逃走。（打一自
然现象）

（谜底：风）

一根竹竿细又细，上接天来下接地，

既不能晒衣，也不能拿起。（打一自然现象）

（谜底：雨）

远看似珍珠，近看像玛瑙，

我去拿不来，你去也白跑。（打一自然现象）

（谜底：露）

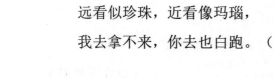

158

高高山上一堆灰，千把锄头挖不开。（打一自然现象）

（谜底：雾）

老大，老大，为啥穿衣褂？

太阳出来了，脱了吧！（打一自然现象）

（谜底：霜）

一片一片又一片，二片三片四五片，

六片七片八九片，飞入芦花都不见。（打一自然现象）

（谜底：雪）

冬种冬收，夏种不收，光秆无叶，根在上头。（打一自然现象）

（谜底：冰棱）

红公鸡，绿梢尾，展展翅，一千里。（打一自然现象）

（谜底：闪电）

谜语谜语给你猜，快刀切不断，剪刀剪不开。（打一自然名称）

（谜底：水）

远看是个钟，近看里头空，称它没四两，拿又拿不动。（打

一自然现象）

（谜底：水泡）

灶台上，一棵树，十个人，搂不住。（打一自然现象）

（谜底：蒸汽）

世上有一宝，谁都离不了，看也看不见，

摸也摸不到，要问它生哪，就在身边找。（打一自然名称）

（谜底：空气）

159

微微细，细细微，弗生翅膀也会飞。（打一自然名称）

（谜底：灰尘）

住在深山坳，谁也捉不到。（打一自然现象）

（谜底：回声）

天样大，地样阔，壁缝里，钻得过。（打一自然名称）

（谜底：光）

小时针眼大，大时满山坡，

能过千山万岭，不能越过小河。（打一自然名称）

（谜底：火）

扭扭捏捏出门台，出了门台水不来，

我见主人很快活，主人见我泪哀哀。（打一自然名称）

（谜底：烟）

生来如玉配成双，二人双双到他乡，

日出东楼渐渐短，日落西山渐渐长。（打一自然现象）

（谜底：人影）

重重叠叠瑶台，神仙玉帝扫不开，

刚被太阳收拾去，却教明月送将来。（打一自然现象）

（谜底：花影）

清清楚楚一幅画，有树有草也有花，

别处花草梢朝上，此处花草梢朝下。（打一自然现象）

（谜底：水中倒影）

水中它不觉，火中它不燃。（打一自然名称）

（谜底：冰）

建筑类谜语

远望一个圈，半个湿来半个干。（打一建筑物）

（谜底：桥）

说是屋，不是屋，有门没窗户。（打一建筑物）

（谜底：窑）

老大老大，四脚发跨，

嘴里吃人，肚里说话。（打一建筑物）

（谜底：屋）

千补钉，万补钉，补钉搭补钉。（打一建筑材料）

（谜底：屋上瓦片）

大四方，小四方，没有它，闷得慌。（打一物）

（谜底：窗户）

平平亮亮一堵墙，墙里墙外可相望。（打一物）

（谜底：玻璃窗）

一个老头九十九，天天夜晚插着手。（打一物）

（谜底：门）

木头枕头木头被，木头老头里边睡，

鸡叫了，狗咬了，木头老头吓跑了。（打一物）

（谜底：门闩）

进来时，握握手，出去时，握握手。（打一物）

（谜底：门把）

俺家有匹马，人人过来要骑它。（打一物）

（谜底：门槛）

一只老水牛，尾巴竖在屋上头，

稻草吃了千万担，肚里不生一滴油。（打一物）

（谜底：灶）

高大汉，黑心肠，猜得着，给你糖。（打一物）

（谜底：烟囱）

千锤万凿出深山，烈火焚烧若等闲，

粉身碎骨浑不怕，要留清白在人间。（打一物）

（谜底：石灰）

头戴尖尖铁帽，身穿八角龙袍，

四面无依无靠，狂风吹它不倒。（打一建筑物）

（谜底：塔）

有腿不能行，张嘴翻眼睛，

日在门外坐，百岁不成亲。（打一物）

（谜底：石狮）

人体类谜语

小时四只腿，长大两只腿，老了三只腿。（打一名称）

（谜底：人）

高高山顶一蓬葱，日日早晨铲一通。（打一物）

（谜底：头发）

一丝丝，黑漆漆，不问亲生的，

也不问买来的，打扮起来总是一样的。（打一物）

（谜底：假发）

高高山上一捆柴，插人扁担没人抬。（打一物）

（谜底：发髻）

起小大，长大小，长着长着没有了。（打一人体名称）

（谜底：小孩囟门）

高高山下种韭菜，不稀不密刚两排。（打一人体名称）

（谜底：眉毛）

日里忙忙碌碌，夜里茅草盖屋。（打一人体名称）

（谜底：眼）

左边宫娥一把扇，右边宫娥一把扇，

中间隔着皇后娘娘不得见。（打一人体名称）

（谜底：耳朵）

脊背朝天，两眼问地，

真猜不着，指指自己。（打一人体名称）

（谜底：鼻）

红门楼，白粉墙，里面坐个红娘娘。（打一人体名称）

（谜底：口）

半山有个瓦窑，里面铺个红布条。（打一人体名称）

（谜底：舌）

同胞兄弟三十多，先生弟弟后生哥，

当门抵户弟弟去，进了内门靠哥哥。（打一人体名称）

（谜底：牙）

上海有座大洋桥，走过东西多多少，

只好看看勿好留，留点下来实难熬。（打一人体名称）

（谜底：咽喉）

韭菜种在红膛坝，根向上，

叶向下，早晚浇水不开花。（打一人体名称）

（谜底：胡须）

一棵树，五个丫（不长叶子不开花）。（打一人体名称）

（谜底：手指、手）

看不出，摸得出，

等到摸不出，大家眼泪出。（打一人体名称）

（谜底：脉搏）

站着没头，蹲着有头，

背在前头，肚在后头。（打一人体名称）

（谜底：小腿）

十个和尚，分居两旁，

日同行路，夜同卧床。（打一人体名称）

（谜底：脚趾）

天上不生它，地下不养它，

吃它不见它，见它不吃它。（打一人体现象）

（谜底：唾液）

两只小白狗，趴在洞门口，

一声呼，回转头。（打一人体现象）

（谜底：鼻涕）

非酒非水非清泉，不是雨露到人间，

时有时无人常见，日晒不干月炙干。（打一人体现象）

（谜底：汗）

一搓两头尖，猜着是神仙。（打一人体现象）

（谜底：汗垢）

动物类谜语

两盏灯，两把钻，四把铁锤两把扇。（打一动物）

（谜底：牛）

一个小肉瓢，里外长红毛，

谁要把它撞，赶紧摇几摇。（打一动物身体部位）

（谜底：牛耳朵）

不打它自己扁，

不磨它自己尖，

不漆它自己黑。（打一动物身体部位）

（谜底：牛角）

你坐我不坐，我行你不行，

一夜坐到大天明。（打一动物）

（谜底：马）

一物生来力量强，又有爹来又有娘，

有爹不跟爹一姓，有娘不和娘一样。（打一动物）

（谜底：骡）

小小年纪，胡子满把，

客人来到，喊声妈妈。（打一动物）

（谜底：羊）

站着没有坐着高，一年四季穿皮袄。（打一动物）

（谜底：狗）

脚穿软底靴，口边出胡须，

夜里当巡捕，日里念弥陀。（打一动物）

（谜底：猫）

泥屋泥墙头，子子孙孙做贼头。（打一动物）

（谜底：老鼠）

形状像老鼠，生活像猴子，

爬在树枝上，忙着采果子。（打一动物）

（谜底：松鼠）

头戴两棵珊瑚树，身穿一领梅花衣，

移动一双金莲步，跑上山去快如飞。（打一动物）

（谜底：鹿）

头像绵羊颈象鹅，不是牛马不是骡，

四脚虽长跑不快，南方少来北方多。（打一动物）

（谜底：骆驼）

头上两把大扇子，嘴上一根长钩子，

脚象四根粗柱子，尾巴像根小辫子。（打一动物）

（谜底：象）

远远看去好似猫，行近看清连忙跑。（打一动物）

（谜底：虎）

不是狐，不是狗，

前面架着铡刀，

后面拖把扫帚。（打一动物）

（谜底：狼）

那边来个嘴尖尖，不卖别的卖钢针。（打一动物）

（谜底：刺猬）

一朵芙蓉颈上栽，战衣不用剪刀裁，

虽然不比英雄将，唱得千门万户开。（打一动物）

（谜底：公鸡）

出身黄苍苍，老来白如霜，

头顶红色帽，一路叫补缸。（打一动物）

（谜底：鹅）

嘴像小铲子，脚像小扇子，

走路晃膀子，水上划船子。（打一动物）

（谜底：鸭）

行也是立，立也是立，

坐也是立，卧也是立。（打一动物）

（谜底：鹤）

黑补丁，白补丁，站枝头，唱五更。（打一动物名称）

（谜底：喜鹊）

植物类谜语

长生不老。（打一植物）

（谜底：万年青）

生在山中，颜色相同，来到人间，有绿有红。（打一植物）

（谜底：茶叶）

小小一姑娘，坐在水中央，身穿粉红袄，阵阵放清香。（打一植物）

（谜底：荷花）

泥里一条龙，头顶一个蓬；身体一节节，满肚小窟窿。（打一蔬菜）

（谜底：莲藕）

小时头青青，老来发白白，远看似棉花，风来起白浪。（打一植物）

（谜底：芦苇）

麻壳子，红里子，裹着白胖子。（打一植物）

（谜底：花生）

高高绿骨筋儿，圆圆金黄脸，最爱向太阳，盈盈笑不停。（打一植物）

（谜底：向日葵）

样子像元宝，外壳黑又硬；生长在水里，秋来大采收。（打一植物）

（谜底：菱角）

不是桃树却结桃，桃子里面长曲毛，到了秋天桃熟了，只见白毛不见桃。（打一植物）

（谜底：棉花）

一个孩子生得好，衣服穿了七八套，头上戴着红缨帽，身上装着珍珠宝。（打一粮食作物）

（谜底：玉米）

白公鸡，绿尾巴，一头钻进泥底下。（打一蔬菜）

（谜底：萝卜）

白如玉，穿黄袍，只有一点大，都是宝中宝。（打一粮食作物）

（谜底：稻子）

小时能吃味道鲜，老是能用有人砍，虽说不是刚和铁，浑身骨节压不弯。（打一植物）

（谜底：竹子）

四季青，巴掌大，用手摸，毛虫扎。（打一植物）

（谜底：仙人掌）

牵藤藤，上篱笆，藤藤开花像喇叭，红喇叭，白喇叭，太阳出来美如画。（打一植物）

（谜底：牵牛花）

说他是棵草，为何有知觉，轻轻一碰他；害羞低下头。（打一植物）

（谜底：含羞草）

有根不着地，绿叶开白花；到处去流浪；四海处处家。（打一植物）

（谜底：浮萍）

头上青丝如针刺，皮肤厚裂像龟甲；越是寒冷越昂扬，一年四季精神好。（打一植物）

（谜底：松树）

身穿着蓑衣，肉儿香又甜，要脱去那蓑衣，就会手儿痒。（打一蔬菜名称）

（谜底：芋头）

一个婆婆园中站，身上挂满小鸡蛋；又有红来又有绿，既好吃来又好看。（打一植物）

（谜底：枣树）

波潋滟，水清清，

水上只只小金铃，睁着许多小眼睛。（打一植物）

（谜底：莲蓬）

小时候是草，大时候是宝，

有了它就安，没有它就吵。（打一粮食作物）

（谜底：稻）

青袍穿了换黄袍，脱出黄袍一粒宝。（打一粮食作物）

（谜底：谷子）

青竹竿，十二节，顶上坐个红关爷。（打一粮食作物）

（谜底：高粱）

青梗、方梗、花茂、叶密，几扇花格子，格格花珠子。（打一油料）

（谜底：芝麻）

青梗绿叶开黄花，泥沙底下做人家。（打一油料）

（谜底：花生）

方梗子、绿叶子，开的花蝴蝶，结的青茄子。（打一植物）

（谜底：蚕豆）

远看一朵花，近看一脸麻。（打一植物）

（谜底：向日葵）

一杆小树直又直，没线使用剥它的皮。（打一植物）

（谜底：麻）

远看尖尖桃，近看南瓜花，开花又结果，结果又开花。（打一植物）

（谜底：棉花）

外面是绿的，破开是红的，吃在嘴里是甜的，吐出来是黑的。（打一水果）

（谜底：西瓜）

破房子，烂屋子，嘀哩当啷挂珠子。（打一水果）

（谜底：石榴）

头戴破毡帽，身穿大红袍。（打一水果）

（谜底：柿子）

红被面，白夹里，十几个兄弟挤一起。（打一水果）

（谜底：橘子）

黄金衣，包银条，中间弯弯两头翘。（打一水果）

（谜底：香蕉）

嘴歪骨皱，猜到明日下昼。（打一水果）

（谜底：桃子）

食品类谜语

两头尖尖白如银，世人无我难做人，
但得有人猜着我，要算世上聪明人。（打一食品）

（谜底：米）

土里下种，水里开花，
袋里团圆，案上分家。（打一食品）

（谜底：豆腐）

青青似玉女，白白粉娇娘，
连衣跳下水，上来脱衣裳。（打一食品）

（谜底：粽子）

从南来群鹅，扑通扑通跳下河，

先沉底，后漂浮。（打一食品）

（谜底：饺子）

白糖梅子真稀奇，也没核儿也没皮，

正月十五沿街卖，过了正月没有提。（打一食品）

（谜底：元宵）

荤菜夹素菜，双手端上来，

当中有火山，四面都是海。（打一食品）

（谜底：火锅）

原从水里生，不敢水里行，

人人都要我，无我食不成。（打一食品）

（谜底：盐）

蔬菜水果类谜语

生根不落地，有叶不开花，市场有得卖，园里不种它。（打一蔬菜）

（谜底：豆芽）

紫色衣，肉白细，煮过衣儿肉儿都变色。（打一蔬菜）

（谜底：茄子）

红灯笼，绿宝盖，十人见了九人爱。（打一水果）

（谜底：柿子）

青藤挂满棚，结果像青龙，嫩时当菜吃，老了也有用。（打一蔬菜）

（谜底：丝瓜）

红漆桶，地下埋，绿的叶子顶上栽，切开红漆桶：清甜可口好小菜。（打一蔬菜）

（谜底：红萝卜）

圆圆脸儿像苹果，又酸又甜营养多，既能做菜吃，又可当水果。（打一蔬菜）

（谜底：番茄）

不长叶来不生枝，叶子顶上开白花，脑袋睡在地底下，胡子长了一大把。（打一蔬菜）

（谜底：葱）

千姊妹，万姊妹，同床睡，各盖被。（打一水果）

（谜底：石榴）

黄包袱，包黑豆，尝一口，甜水流。（打一水果）

（谜底：梨）

青树结青瓜，青瓜包棉花，棉花包梳子，梳子包豆芽。（打一水果）

（谜底：柚子）

不是葱，不是蒜，一层一层裹紫缎。说葱长得矮，像蒜不分瓣。（打一蔬菜）

（谜底：洋葱）

红嘴绿鹦鹉，吃了营养多。（打一蔬菜）

（谜底：菠菜）

脱下红黄衣，七八个兄弟，紧紧抱一起，酸甜各有味，大家都喜欢。（打一水果）

（谜底：橘子）

瘦长的身材，翠绿的皮肤，全身是疙瘩，丑了自己美了别人。（打一蔬菜）

（谜底：黄瓜）

像球样的圆，像血样的红，像珠样的亮，像蜜样的甜。（打一水果）

（谜底：樱桃）

器具类谜语

别看名字消极，其实却很积极，

成天忙着劳动，干活特别卖力。（打一农业机械）

（谜底：拖拉机）

一头牛，两个头，

这头喝水那头流。（打一农业机械）

（谜底：抽水机）

一只鹅，弯弯脖，

遍地跑，尽吃草。（打一农业用具）

（谜底：镰刀）

圆圆脸，方方眼，

一个脸上几百只眼。（打一农业用具）

（谜底：筛子）

祝枝山编之，滕文公缚之，

季康子不出，再拜而送之。（打一农业用具）

（谜底：簸箕）

生在深山是圆家伙，死在凡间是扁家伙；

放倒是个真家伙，发起威来是个弯家伙。（打一农业用具）

（谜底：扁担）

一物钢铁身，牙齿肚里存，

吃饭沙沙响，产出草料骡马吞。（打一农业用具）

（谜底：铡刀）

车轮滚滚，马不停蹄，

走了一天，还在原地。（打一农业用具）

（谜底：水车）

四四方方，落在大江，

双手举起，眼泪汪汪。（打一渔业用具）

（谜底：渔网）

远看一团竹，近听呜呜哭，

问它哭什么，软软长藤缠满背脊骨。（打一纺纱器具）

（谜底：纺车）

高高山，低低山，

鲤鱼游穿白沙滩。（打一手工机械）

（谜底：织布机）

一个鲫鱼两个头，纱家巷里来回游。（打一用具）

（谜底：梭子）

铁嘴钢牙，背上开花。（打一木工用具）

（谜底：刨子）

有个老者穿黑裤，打破脑壳都要做。（打一木工用具）

（谜底：凿子）

四方脑袋扁扁嘴，

腰里一个眼，眼里一条腿。（打一木工用具）

（谜底：斧头）

一件东西来回走，只有牙齿没有口。（打一木工用具）

（谜底：锯）

别看我满身疙瘩，我走过的地方光滑滑。（打一木工用具）

（谜底：锉刀）

两兄弟，一样长，有肋骨，没肚肠。（打一日常用具）

（谜底：梯子）

铁板子，木柄子，爬墙爬壁过日子。（打一日常用具）

（谜底：泥抹子）

南京北京都有我，谁的衣裳都穿过。（打一日常用品）

（谜底：针）

小小一个井栏，打了几百小眼，

管束裁缝师傅，十指不得清闲。（打一日常用品）

（谜底：顶针）

科技类谜语

摩拳擦掌。（打一数学名词）

（谜底：等角）

干戈化玉帛。（打一数学名词）

（谜底：对角和）

并驾齐驱。（打一数学名词）

（谜底：平行）

幼儿学算。（打一数学名词）

（谜底：指数）

彤。（打一数学名词）

（谜底：相似形）

台阶多少步。（打一数学名词）

（谜底：几何级数）

最佳演员。（打一数学名词）

（谜底：优角）

马术。（打一数学名词）

（谜底：乘法）

毫厘不差。（打一数学名词）

（谜底：微分）

合法开支。（打一数学名词）

（谜底：有理数）

完全合算。（打一数学名词）

（谜底：绝对值）

勤点钞票。（打一数学名词）

（谜底：常数）

有情人终成眷属。（打一数学名词）

（谜底：同心圆）

午后结账。（打一数学名词）

（谜底：未知数）

十万。（打一数学名词）

（谜底：平方根）

177

五角一趟。（打一数学名词）

（谜底：一元二次）

追本溯源。（打一数学名词）

（谜底：求根）

大同小异。（打一数学名词）

（谜底：近似）

医生提笔。（打一数学名词）

（谜底：开方）

五四三二一。（打一数学名词）

（谜底：倒数）

两牛打架。（打一数学名词）

（谜底：对顶角）

讨价还价。（打一数学名词）

（谜底：商数）

查账。（打一数学名词）

（谜底：对数）

马路没弯。（打一数学名词）

（谜底：直径）

两边清点。（打一数学名词）

（谜底：分数）

异型。（打一数学名词）

（谜底：不等式）

断纱接头。（打一数学名词）

（谜底：延长线）

逐次说明。（打一数学名词）

（谜底：分解）

一笔债务。（打一数学名词）

（谜底：负数）

搞错账目。（打一数学名词）

（谜底：误差）

反复核算，并无错误。（打一数学名词）

（谜底：对数）

土。（打一数学名词）

（谜底：等腰）

人民的力量。（打一数学名词）

（谜底：无穷大）

么。（打两个数学名词）

（谜底：公差、斜边）

断脐。（打两个数学名词）

（谜底：分子、分母）

横看是只尺，竖看是根棒，
年龄最最小，大哥他来当。（打一数字）

（谜底：1）

像个蛋，不是蛋，说它圆，不大圆，
说它没有它又有，成千上万连成串。（打一数字）

（谜底：0）

细细两条腿，帽儿头上戴，

不当圆规用，算圆离不开。（打一数学符号）

（谜底：π）

误点。（打一物理名词）

（谜底：时差）

暗藏的间谍。（打一物理名词）

（谜底：伏特）

飞流直下三千尺。（打一物理名词）

（谜底：波长）

并肩前进。（打一物理名词）

（谜底：同步）

盈亏。（打一物理名词）

（谜底：饱和差）

疏通河道。（打一物理名词）

（谜底：整流）

交友欠慎。（打一物理名词）

（谜底：接触不良）

野渡无人舟自横。（打一物理名词）

（谜底：空载）

静止不行。（打一物理名词）

（谜底：动能）

精打细算。（打一物理名词）

（谜底：密度）

余怒未息。（打一物理名词）

（谜底：不完全退火）

浪打浪。（打一物理名词）

（谜底：冲击波）

闲得发慌。（打一物理名词）

（谜底：真空）

尺的作用。（打一物理名词）

（谜底：能量）

你追我赶。（打一物理名词）

（谜底：角速度）

彼此研讨。（打一物理名词）

（谜底：相对论）

学而时习之。（打一物理名词）

（谜底：常温）

目光短浅。（打一物理名词）

（谜底：视差）

倚闾望儿。（打一物理名词）

（谜底：等离子）

百米冲线。（打一物理名词）

（谜底：加速度）

对白。（打一物理名词）

（谜底：双声道）

派出所。（打一物理名词）

（谜底：支点）

同病相怜。（打一物理名词）

（谜底：互感）

洪水移山。（打一物理名词）

（谜底：脉冲）

迅雷不及掩耳。（打一物理名词）

（谜底：超音速）

计算出错。（打一物理名词）

（谜底：重量）

七天。（打一物理名词）

（谜底：周期）

哥俩上天平。（打一物理名词）

（谜底：比重）

捷径。（打一物理名词）

（谜底：短路）

势均力敌。（打一物理名词）

（谜底：平衡）

山坡。（打一物理名词）

（谜底：斜面）

水变汽。（打一物理名词）

（谜底：蒸发）

镜花水月。（打一物理名词）

（谜底：虚像）

拔河比赛，不分胜负。（打一物理名词）

（谜底：平力）

冲洗底片。（打一物理名词）

（谜底：现象）

调转箭头。（打一物理名词）

（谜底：反射）

互相帮助。（打一物理名词）

（谜底：合力）

屡战屡败。（打一物理名词）

（谜底：负极）

情绪不稳定。（打一物理名词）

（谜底：波动）

水上分别。（打一物理名词）

（谜底：游离）

离婚。（打一物理名词）

（谜底：绝缘）

斤斤计较。（打一物理名词）

（谜底：比重）

高炉冶炼。（打一物理名词）

（谜底：热处理）

景德镇。（打一物理名词）

（谜底：磁场）

余音缭绕。（打一物理名词）

（谜底：回声）

近朱者赤，近墨者黑。（打一物理名词）

（谜底：赫兹）

四季如春。（打一物理名词）

（谜底：恒温）

风平浪细。（打一物理名词）

（谜底：微波）

云开日出。（打一物理名词）

（谜底：可见光）

晨鸡齐报晓。（打一物理名词）

（谜底：共鸣）

付。（打一物理名词）

（谜底：半导体）

回光反照。（打一物理名词）

（谜底：折射）

习以为常。（打一物理名词）

（谜底：惯性）

歌无词。（打一物理名词）

（谜底：光谱）

哈哈镜。（打一物理名词）

（谜底：失真）

归途。（打一物理名词）

（谜底：回路）

来无影，去无踪，

能传景，能传声。（打一物理名词）

（谜底：电磁波）

房间只有豆粒大，万千兄弟住得下，

电子器件一代，生来追求小型化。（打一物理名词）

（谜底：集成电路）

二泉映月。（打两个物理名词）

（谜底：对流、投影）

寒暑表。（打两个物理名词）

（谜底：能量、温度）

两岸猿声啼不住，轻舟已过万重山。（打两个物理名词）

（谜底：共鸣、速度）

风乍起，吹皱一池春水。（打三个物理名词）

（谜底：气流、振动、微波）

手工作坊。（打一化学名词）

（谜底：无机）

一、三局见高低。（打一化学名词）

（谜底：中和）

问小孩。（打一化学名词）

（谜底：质子）

恢复本来面目。（打一化学名词）

（谜底：还原）

软似薄纸硬如钢，工农商学都用上，

耐酸耐寒耐腐烂，颜色鲜艳逗人赏。（打一化学制品）

（谜底：塑料）

像棉不是棉，名字蛮新鲜，

石油提炼出，抽丝在车间。（打一化学制品）

（谜底：化学纤维）

原料虽贱作用大，千丝万缕织成它，

光泽夺目性能好，制成服装赛棉纱。（打一化学制品）

（谜底：化纤布）

银白软又韧，胜似麻和棉，

既能织成网，又能把带编。（打一化学制品）

（谜底：尼龙线）

农。（打一化学名词）

（谜底：浓缩）

老脾气。（打一化学名词）

（谜底：固态）

三天一休。（打一化学名词）

（谜底：晶体）

众擎易举。（打一化学名词）

（谜底：结合能）

空谷回声。（打一化学名词）

（谜底：反应）

解冻。（打一化学名词）

（谜底：硬水软化）

腾飞吧，中国！（打一化学名词）

（谜底：升华）

略加疏注。（打一化学名词）

（谜底：稀释）

饭后对诗。（打一化学名词）

（谜底：饱和）

望梅止渴。（打一化学名词）

（谜底：酸性反应）

返航之路。（打一地理名词）

（谜底：回归线）

泽国。（打一地理名词）

（谜底：水域）

孔子墓。（打一地理名词）

（谜底：丘陵）

扇子。（打一地理名词）

（谜底：热带）

高处不胜寒。（打一地质名词）

（谜底：地下热）

陆相。（打一地质名词）

（谜底：地貌）

一唱雄鸡天下白。（打一地质名词）

（谜底：宇宙光）

空中图案。（打一医学名词）

（谜底：天花）

雪地挂彩。（打一医学名词）

（谜底：伤寒）

一眼见底。（打一医学名词）

（谜底：透视）

不可战胜。（打一医学名词）

（谜底：休克）

小蘑菇。（打一生物名词）

（谜底：细菌）

开副药先尝尝。（打一化学名词）

（谜底：试剂）

叶公惊慌失措。（打一生物名词）

（谜底：恐龙）

门客。（打一生物名词）

（谜底：寄生）

囚。（打一穴位名）

（谜底：人中）

八口人。（打一穴位名）

（谜底：合谷）

工农兵学。（打一穴位名）

（谜底：少商）

1 500 米。（打一穴位名）

（谜底：走三里）

样样精通。（打一穴位名）

（谜底：百会）

钻透地下水。（打一穴位名）

（谜底：涌泉）

深入群众。（打一穴位名）

（谜底：人中）

靶心。（打一穴位名）

（谜底：环中）

暗语。（打一穴位名）

（谜底：隐白）

凌霄殿。（打一穴位名）

（谜底：神庭）

休战。（打一医学名词）

（谜底：停搏）

热水汀。（打一医学名词）

（谜底：气管炎）

拒收礼品。（打一医学名词）

（谜底：推拿）

嗓子冒火。（打一医学名词）

（谜底：喉炎）

展望新岁。（打一医学名词）

（谜底：更年期）

无动于衷。（打一医学名词）

（谜底：外感）

釜底抽薪。（打一医学名词）

（谜底：退烧）

专治感冒。（打一医学名词）

（谜底：破伤风）

停止进攻。（打一医学名词）

（谜底：休克）

只顾眼前。（打一医学名词）

（谜底：近视）

凿壁偷光。（打四个医学名词）

（谜底：穿刺、室间隔、缺损、透视）

大禹建都。（打一农历节气名）

（谜底：立夏）

秋收。（打一农历节气名）

（谜底：冬至）

流水落花春去也。（打一农历节气名）

（谜底：夏至）

赤日炎炎似火烧。（打一农历节气名）

（谜底：大暑）

千树万树梨花开。（打一农历节气名）

（谜底：大雪）

一尘不染光如镜。（打一农历节气名）

（谜底：清明）

有容乃大。（打一农历节气名）

（谜底：小满）

花季与君别。（打一农历节气名）

（谜底：春分）

梨花盛放。（打一农历节气名）

（谜底：白露）

增添人口心倍愁。（打一农历节气名）

（谜底：立秋）

灵。（打一地质名词）

（谜底：活火山）

四海翻腾，五洲动。（打一地质名词）

（谜底：地震）

倍。（打一地理名词）

（谜底：方位）

沉沉一线穿南北。（打一地理名词）

（谜底：地轴）

野渡无人舟自横。（打一地理名词）

（谜底：飘移）

溶岩。（打一地质名词）

（谜底：化石）

隆中决策。（打一科技用物）

（谜底：亮度计）

南北兼顾。（打一科技用物）

（谜底：二极管）

合家休假摄影去。（打一科技用物）

（谜底：全息摄影）

探月。（打一军事用物）

（谜底：侦察卫星）

○比○。（打一军事用语）

（谜底：空对空）

整日接待。（打一军事用语）

（谜底：全天候）

衣。（打一军事用语）

（谜底：掩体）

兵法。（打一军事用语）

（谜底：战术）

水球比赛。（打一军事用语）

（谜底：游击）

善于斗争。（打一军事用语）

（谜底：会战）

游泳术。（打一城建名词）

（谜底：下水道）

全部舍弃。（打一机械名词）

（谜底：抛光）

美人垂泪。（打一机械名词）

（谜底：滚珠）

用品类谜语

小时青竹林林，到大刮骨抽筋，

听些花言巧语，看些人儿翻身。（打一用品）

（谜底：席子）

一时吃饱总不饥，二人相思我便知，

听尽人人知心话，不想人前多是非。（打一用品）

（谜底：枕头）

团团围住一座城，外边兵马里边人，

张良善用关门计，韩信归来定太平。（打一用品）

（谜底：帐子）

两只小船，没有篷帆，

十个客人，坐在船中，

水路不行，陆路畅通；

白天行动，来去匆匆，

夜深人静，客去船空。（打一用品）

（谜底：鞋）

一对老母鸡，吃泥不吃米，

雨天吃得饱，晴天饿肚皮。（打一用品）

（谜底：雨鞋）

日里勾肩搭背，夜里两头分开。（打一用品）

（谜底：纽扣）

床面前，一个坑，

掉下去，半人深。（打一用品）

（谜底：裤子）

冬天常见它，夏天不见它；

用它不见它，见它不用它。（打一用品）

（谜底：帽）

十个加十个，还是十个，

十个减十个，又是十个。（打一用品）

（谜底：手套）

盘绕玉柱一条龙，冰天雪地不怕风，

冬天最得人人爱，立春以后无影踪。（打一用品）

（谜底：围巾）

二尺一片，四角两面，

认识众人面，不识牲畜面。（打一用品）

（谜底：毛巾）

一个小小儿郎，盒子里面把身藏，

谁见它都要卷起衣袖，和它玩耍一场。（打一用品）

（谜底：肥皂）

四根柱头起高楼，水阁凉亭在高头，

人人都说皇帝大，皇帝见它也低头。（打一用品）

（谜底：脸盆架）

背脊有些驼，牙齿生得多，

虽然不吃草，喜在草里过。（打一用品）

（谜底：梳子）

你哭他也哭，你笑他也笑，

你问他是谁，他说你知道。（打一用品）

（谜底：镜子）

一双姐妹脚生弯，二人相隔一片山，

若要姐妹来相会，候得太阳落西山。（打一用品）

（谜底：耳坠）

有面无口，有脚无手，

听人讲话，陪人喝酒。（打一用品）

（谜底：桌子）

有胳膊，没有手，

见了来人他就搂。（打一用品）

（谜底：椅子）

木老虎，铜嘴唇，

光吃衣裳不吃人。（打一用品）

（谜底：箱子）

我要出门，万事交托，

等我回家，挖你心窝。（打一用品）

（谜底：锁）

只准你和他谈天，不准你和他相见，

倘若你要相见，除非将我翻卷。（打一用品）

（谜底：竹帘）

什么衣衫都穿过，就是不是人。（打一用品）

（谜底：晾衣竹竿）

有风不动无风动，不动无风动有风。（打一用品）

（谜底：扇子）

远看像车轮，近看像八卦，

惯会出风头，人人都爱它。（打一用品）

（谜底：电风扇）

栀子花，靠墙栽，

雨不落，花不开。（打一用品）

（谜底：雨伞）

一个坛子两个口，

大口吃，小口吐。（打一用品）

（谜底：茶壶）

外面冷冰冰，里面热心肠，

一夜到天亮，肚里仍不凉。（打一用品）

（谜底：锅）

高山上面叠高山，高山下面毛竹滩，

毛竹滩下滚龙潭，滚龙潭下火烧山。（打一用品）

（谜底：蒸笼）

我家有个白大碗，舀水舀不满。（打一用品）

（谜底：笊篱）

从南来个董大董，反穿皮袄翻着领。（打一用品）

（谜底：缸）

小时候一个，大时候是俩，

你要摸着它，不咬就是刮。（打一用品）

（谜底：水瓢）

自幼生长在深山，黑红颜色分后先，

由黑变红人人爱，由红变黑不值钱。（打一用品）

（谜底：木炭）

矮胖子，坐案头，

吃鱼吃肉不喝酒，吃瓜吃菜不吃豆。（打一用品）

（谜底：砧板）

二位姑娘一样长，吃饭滋味她先尝。（打一用品）

（谜底：筷子）

头像琵琶身像弓，

汤家做事，除我不成功。（打一用品）

（谜底：汤匙）

白就白如雪，硬就硬如铁，

一日洗三遍，夜晚柜里歇。（打一用品）

（谜底：碗）

不擦不脏，越擦越脏。（打一用品）

（谜底：抹布）

一个冬瓜两头空，墙里开花墙外红。（打一用品）

（谜底：灯笼）

头戴玻璃平顶帽，身穿白色钢包袍，

生来只有一只眼，白天睡觉晚勤劳。（打一用品）

（谜底：手电筒）

身穿红袄绿衣裳，满腹文章直肚肠，

只因害了相思病，流出相思泪两行。（打一用品）

（谜底：蜡烛）

197

百十来个孩子，合住一间房子，

身穿白袍子，头戴黑帽子。（打一用品）

（谜底：火柴）

盘着一条龙，嘴里一点红，

飞虫见我怕，一夜无影踪。（打一用品）

（谜底：蚊香）

千只脚，万只脚，

立不住，靠墙脚。（打一用品）

（谜底：扫帚）

倒着披头散发，立着地上乱爬，

有事水里洗澡，无事墙上悬挂。（打一用品）

（谜底：拖把）

平地起高台，花窗四面开，

茶饭送到口，一生不自在。（打一用品）

（谜底：鸟笼）